MW01629771

la cuisine
est un jeu
d'enfants

préface
de
Jean Cocteau
la cuisine
est un jeu
d'enfants
textes et dessins
de Michel Oliver

PLON

est un jeu d'enfants

Le Brico lage est un jeu d'enfants

*A mon père
Raymond Oliver
avec toute mon admiration*

les enfants et les poète
aiment "désobéir".
Si vous êts méchants
désobéissez et devenez bons

Si vous mangez vos ongles
désobéissez et mangez
la bonne cuisine peinte
par michel Oliver
Le viel ami
Jean Cocteau
*
vous le conseille
1963

SOUPE ET HORS-D'ŒUVRE

ŒUFS ET POISSONS

VIANDES ET POULETS

SAUCES ET LÉGUMES

DESSERTS

voici la tasse « étalon »

découpez-la ,   repliez les 4 côtés   , collez les languettes.

remplissez-la de riz à ras bord

cherchez à quelle tasse elle correspond chez vous

et servez-vous toujours de la même tasse  comme mesure.

C'est très important pour bien réussir vos recettes.

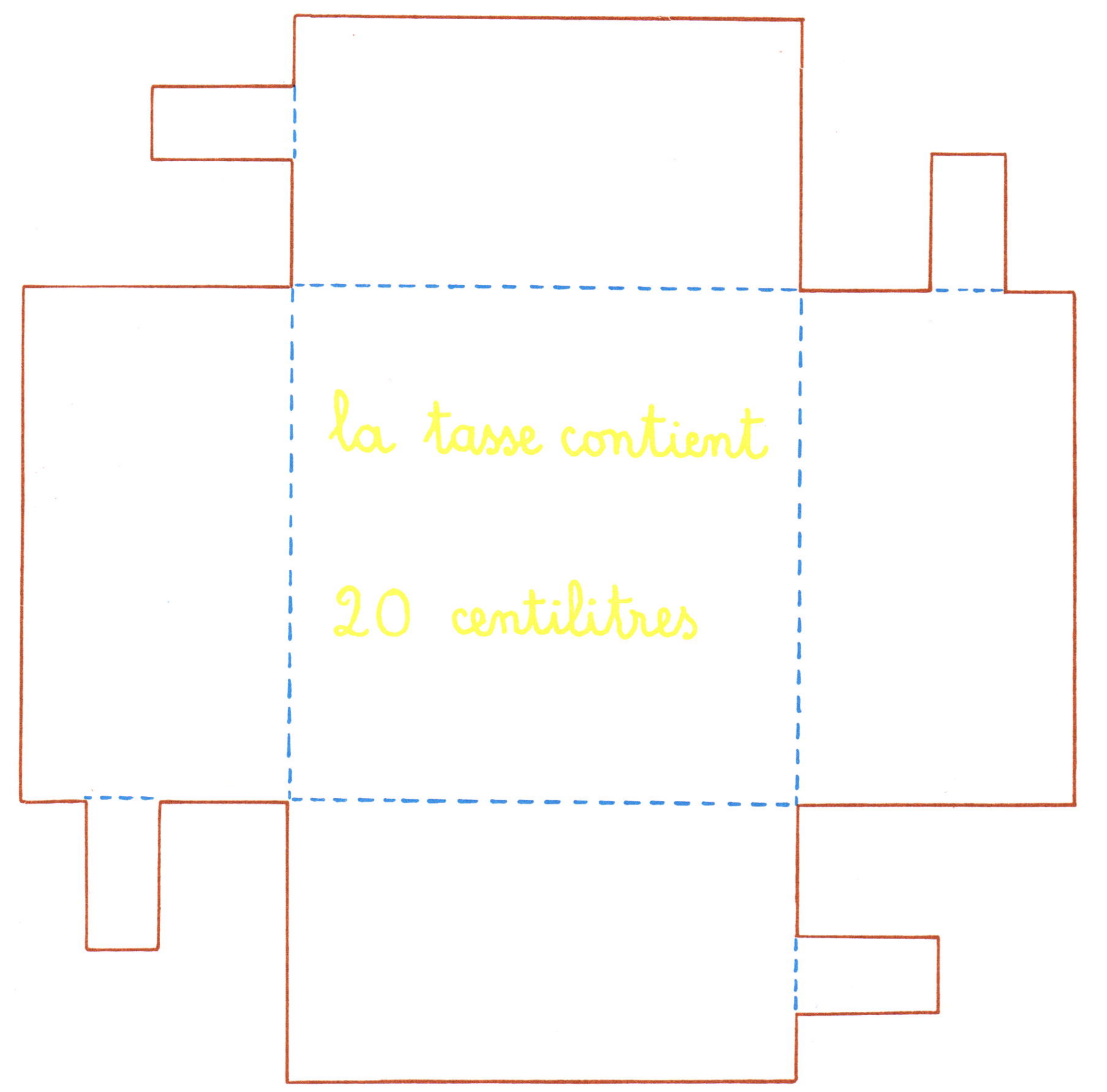

Soupe et Hors d'Oeuvre

Soupe à l'oignon
Tomate accordéon
Croque-Monsieur
Orange
Quiche Lorraine
Pan Bagnat
Citron Fourré
Salade Niçoise
Allumettes au Fromage
Salade de riz
Canapés au fromage
Pruneaux au Bacon
Salade de pomme

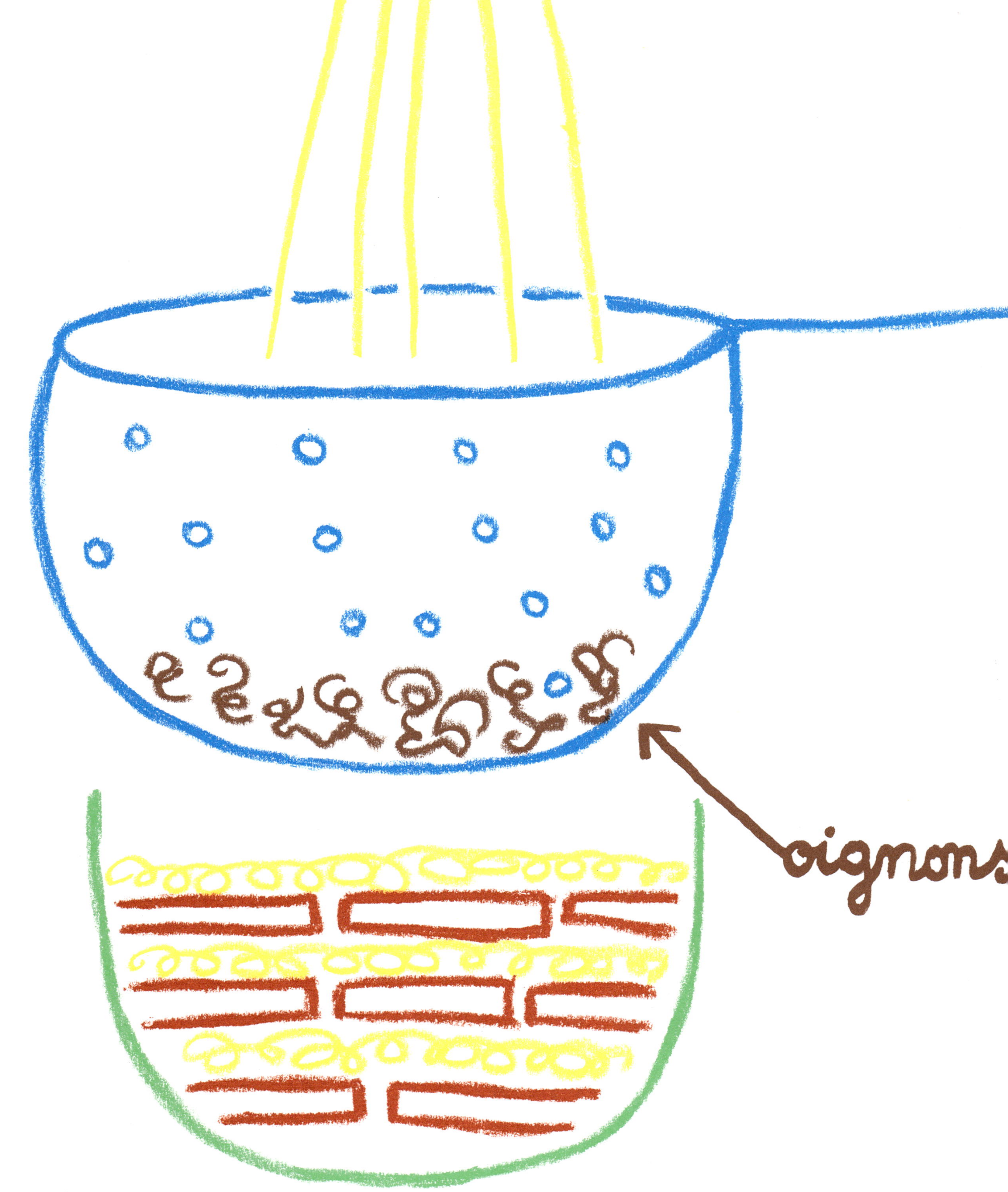
oignons

Soupe à l'oignon (2 pers)

PELEZ 2 GROS OIGNONS.

COUPEZ-LES EN DEUX

PUIS EN TRANCHES FINES.

ALLUMEZ LE GAZ (feu moyen)

POSEZ LA CASSEROLE DESSUS.

METTEZ DANS LA CASSEROLE

2 cuillères à soupe DE BEURRE

2 cuillères à soupe D'HUILE.

QUAND LE BEURRE GRÉSILLE

AJOUTEZ LES OIGNONS HACHÉS ET

1 cuillère à soupe DE FARINE.

MÉLANGEZ avec la cuillère en bois.

LAISSEZ CUIRE 10 MINUTES.

AJOUTEZ 3 BOLS D'EAU ET

4 pincées DE SEL.

ALLUMEZ LE FOUR (8).

COUPEZ 20 TRANCHES DE PAIN RASSIS (baguette).

DANS CHACUN DES 2 BOLS METTEZ

3 TRANCHES DE PAIN, 1 cuillère à soupe DE FROMAGE RAPÉ

3 TRANCHES DE PAIN, 1 cuillère à soupe DE FROMAGE RAPÉ

4 TRANCHES DE PAIN, 2 cuillères à soupe DE FROMAGE RAPÉ.

VERSEZ DANS LES 2 BOLS

SUR UNE PASSOIRE

LE CONTENU DE LA CASSEROLE.

METTEZ LES BOLS

AU FOUR 15 MINUTES.

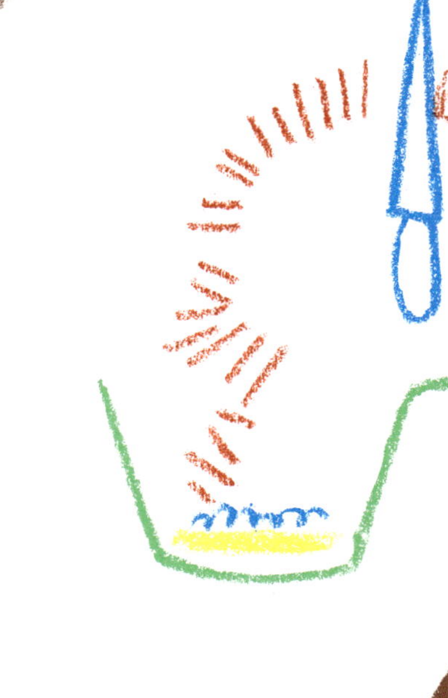

mettez
la
vinaigrette
au
dernier
moment

Tomates Accordéon *(2 pers)*

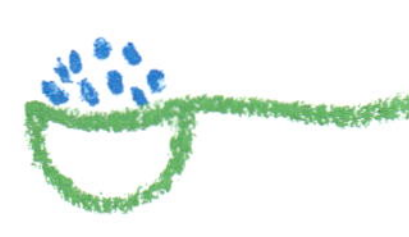
REMPLISSEZ UNE CASSEROLE D'EAU

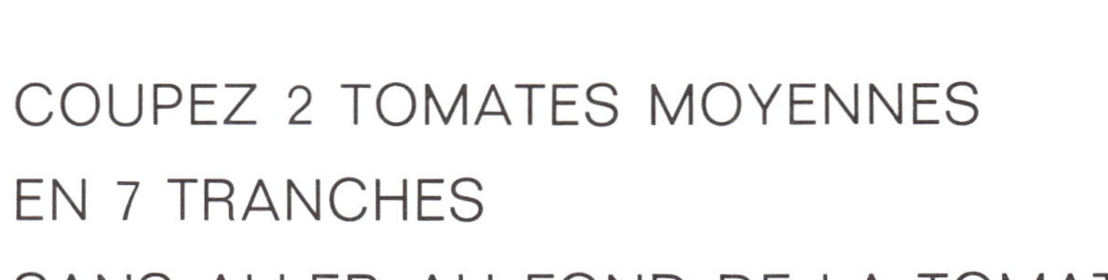
AJOUTEZ 1 *cuillère à soupe* DE GROS SEL

ALLUMEZ LE GAZ *(feu fort)*

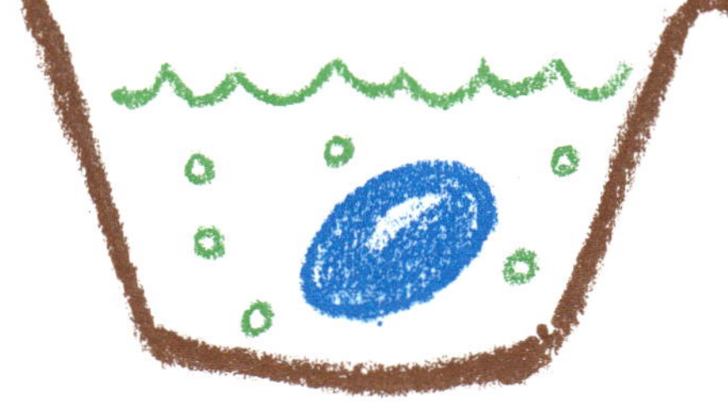
METTEZ L'ŒUF DANS LA CASSEROLE

ET LA CASSEROLE SUR LE FEU.

COUPEZ 2 TOMATES MOYENNES

EN 7 TRANCHES

SANS ALLER AU FOND DE LA TOMATE.

POSEZ-LES SUR UNE ASSIETTE.

COUPEZ 2 OLIVES NOIRES

ET 2 OLIVES VERTES *en petits morceaux.*

FAITES UNE VINAIGRETTE

EN MÉLANGEANT DANS UN PETIT BOL

1 *cuillère à soupe* DE VINAIGRE DE VIN

5 *pincées* DE SEL

4 *cuillères à soupe* D'HUILE.

SORTEZ L'ŒUF DE LA CASSEROLE

ÉPLUCHEZ-LE

COUPEZ-LE EN DEUX

PUIS EN 6 TRANCHES.

INTERCALEZ LES TRANCHES D'ŒUF

ENTRE LES TRANCHES DES TOMATES.

VERSEZ LA VINAIGRETTE DESSUS.

PARSEMEZ AVEC

LES OLIVES HACHÉES.

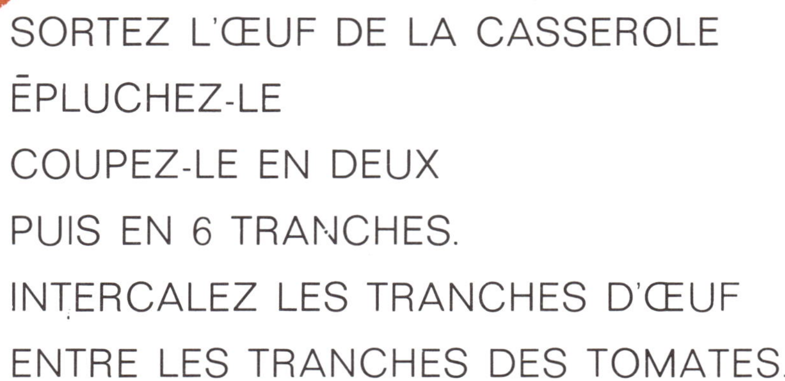

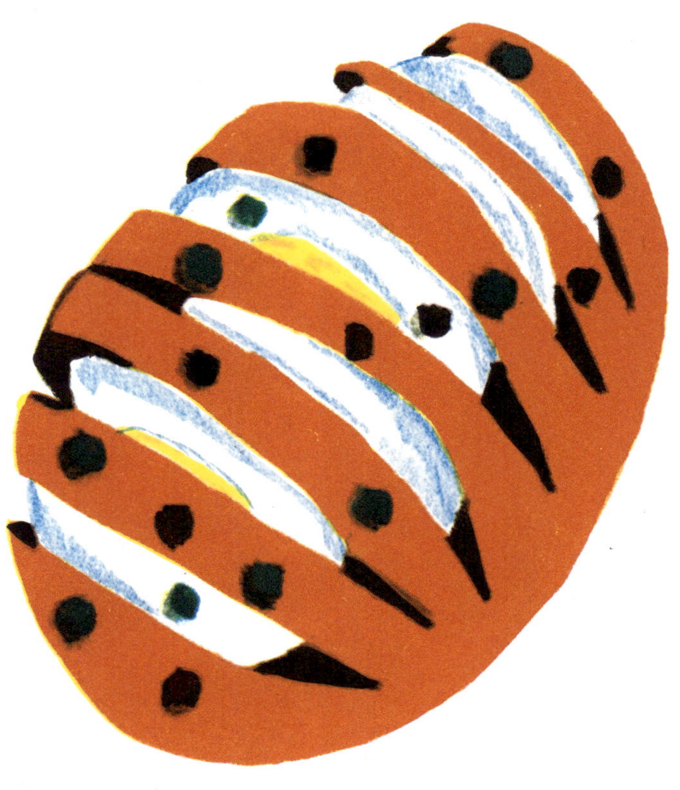

MANGEZ
TRÈS CHAUD
← gruyère

Croque-Monsieur (1 pers)

ALLUMEZ LE FOUR (7)

COUPEZ 2 TRANCHES DE PAIN DE MIE.
ENLEVEZ LES BORDS.
COUPEZ 1 TRANCHE DE JAMBON BLANC
A LA MÊME TAILLE QUE LE PAIN.
BEURREZ CHAQUE TRANCHE DE PAIN
AVEC 1 *cuillère à café* DE BEURRE.
DÉCOUPEZ 12 LAMELLES DE GRUYÈRE.
SUR LA TRANCHE
DE PAIN DE MIE BEURRÉE
POSEZ 6 LAMELLES DE GRUYÈRE
PUIS LA TRANCHE DE JAMBON
PUIS 6 LAMELLES DE GRUYÈRE
PUIS LA 2e TRANCHE DE PAIN DE MIE.
(coté beurré vers le gruyère)
METTEZ LE CROQUE-MONSIEUR
AU FOUR *sur la grille*
10 MINUTES.
RETOURNEZ-LE.
ENCORE AU FOUR
3 MINUTES.

Mangez chaud.

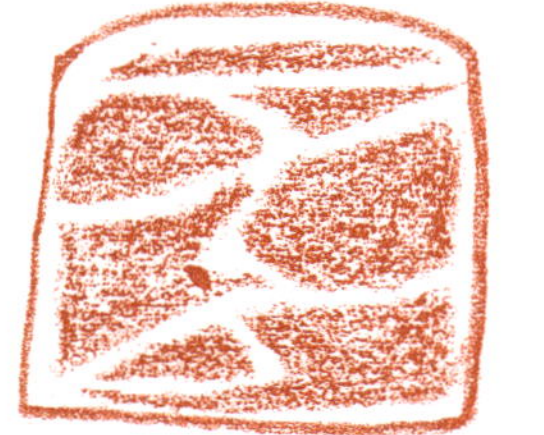

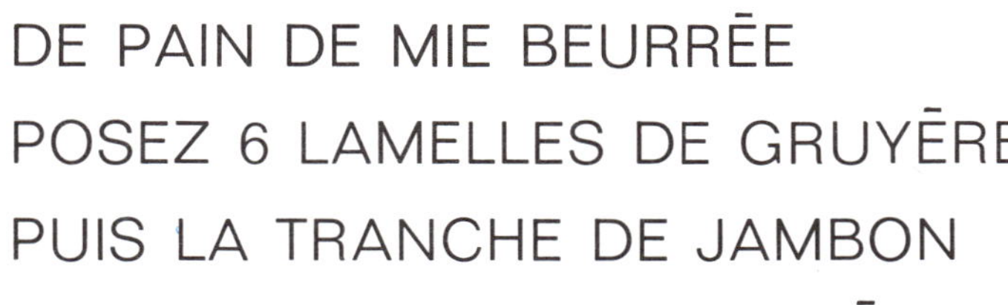

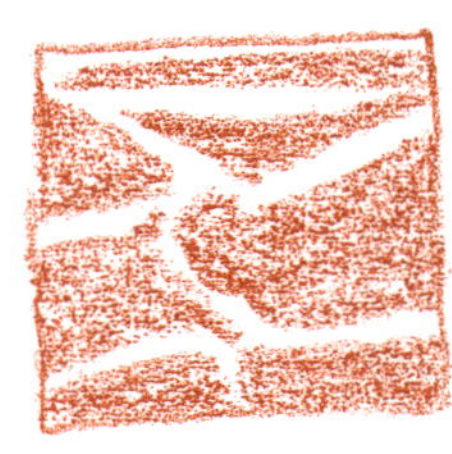

enlevez délicatement le jaune sans casser le blanc

l'assaisonnement de l'œuf remonte dans la tomate

Oronges (2 pers)

COUPEZ UNE TOMATE EN DEUX *dans le sens de la hauteur*

SALEZ-EN L'INTÉRIEUR

AVEC 2 *pincées* DE SEL.

ÉCAILLEZ 2 ŒUFS DURS.

COUPEZ LES 2 BOUTS

QUE VOUS HACHEZ ASSEZ GROS.

HACHEZ 4 OLIVES VERTES.

ENLEVEZ LES JAUNES D'ŒUF

AVEC UNE CUILLÈRE A CAFÉ.

METTEZ DANS UNE ASSIETTE

LES 2 JAUNES D'ŒUF

2 ANCHOIS

LES OLIVES VERTES HACHÉES

1 *cuillère à café* DE VINAIGRE

1 1/2 *cuillère à soupe* D'HUILE

1 *pincée* DE SEL.

ÉCRASEZ LE TOUT

AVEC UNE FOURCHETTE.

REMPLISSEZ LES ŒUFS

AVEC LE MÉLANGE.

POSEZ LA DEMI TOMATE

SUR CHAQUE ŒUF.

PARSEMEZ DESSUS

LE BLANC D'ŒUF HACHÉ.

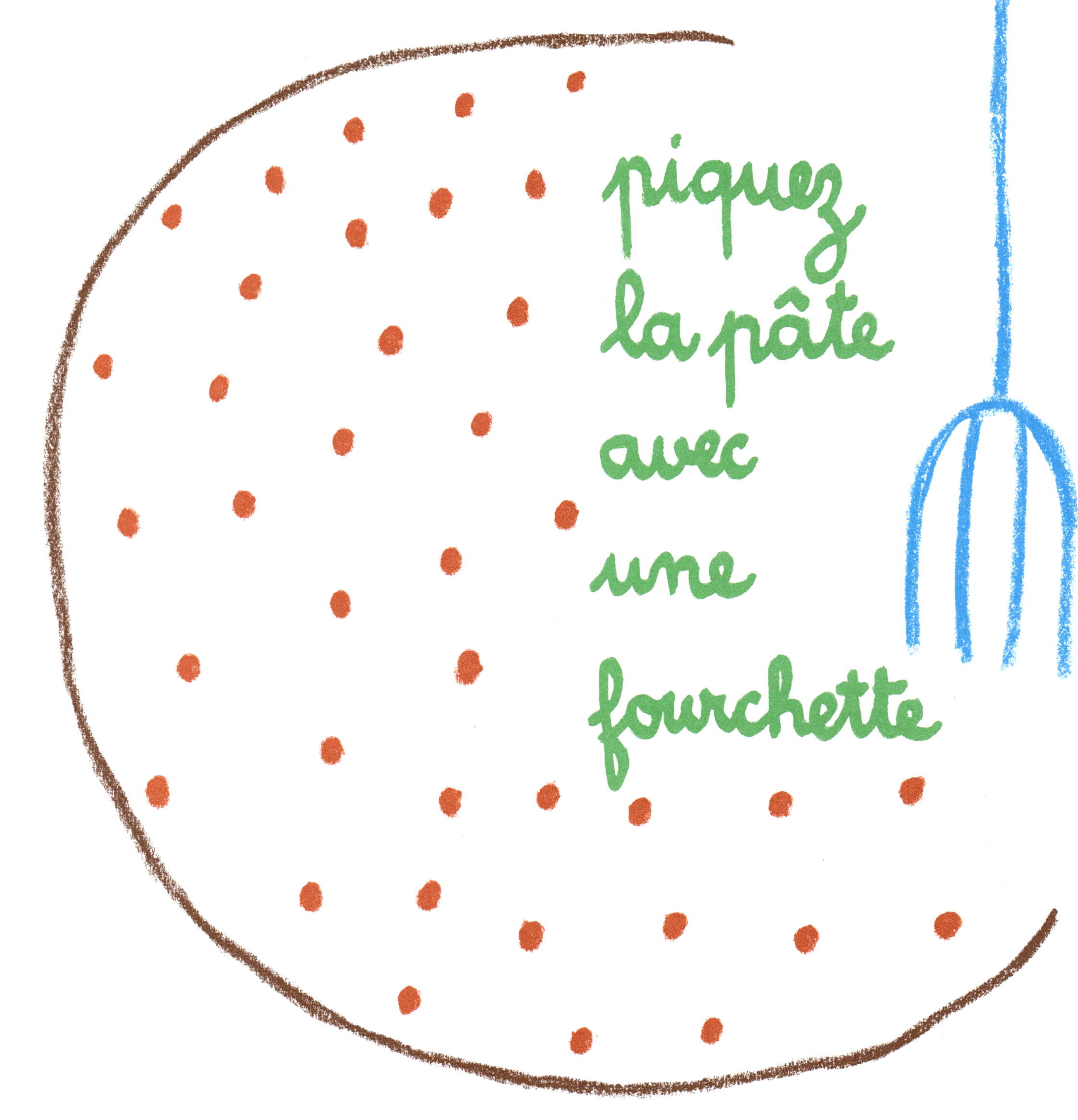

retournez la pâte sur

les bords du moule

Quiche Lorraine *(4 pers)*

ALLUMEZ LE FOUR (8).

METTEZ DANS UN BOL
1 TASSE DE FARINE
3 *cuillères à soupe* DE BEURRE
3 *cuillères à soupe* D'EAU
3 *pincées* DE SEL.
PÉTRISSEZ POUR FAIRE UNE PATE.
ÉTENDEZ-LA AVEC LE ROULEAU.
GARNISSEZ-EN UN MOULE PLAT.
AU FOUR.

COUPEZ 6 TRANCHES DE BACON.

DANS UN GRAND BOL
CASSEZ 2 ŒUFS.
AJOUTEZ 2 *pincées* DE SEL
3/4 DE TASSE DE CRÈME FRAÎCHE
ET 4 *cuillères à soupe* DE FROMAGE RAPÉ.
BATTEZ BIEN AVEC UNE FOURCHETTE.

SORTEZ LE MOULE DU FOUR.
RANGEZ DEDANS
les carrés DE BACON.
VERSEZ DESSUS
LE CONTENU DU BOL.
AU FOUR 20 MINUTES.

mettez
la brochette
dans le pain ouvert

fermez le pain

et retirez

la
brochette vide

Pan Bagnat (2 pers)

COUPEZ EN TRANCHES
2 PETITES TOMATES
1 ŒUF DUR
1 CORNICHON
1 PETIT OIGNON.
COUPEZ *en petits* CARRÉS
1 BRANCHE DE CÊLERI.
DÊNOYAUTEZ
6 OLIVES NOIRES
4 OLIVES VERTES.
OUVREZ LA BOITE D'ANCHOIS.
METTEZ 1 TRANCHE D'ŒUF
ENTRE 2 TRANCHES DE TOMATES.
ENFILEZ TOUS LES ÊLÊMENTS
SUR LES 2 BROCHETTES.
COUPEZ 2 MORCEAUX DE PAIN
DE LA TAILLE DES BROCHETTES.
FENDEZ-LES EN 2 *d'un seul coté*.
AU MOMENT DE MANGER
METTEZ LA BROCHETTE
DANS LE PAIN.
SALEZ-LA (2 *pincées* DE SEL).
ARROSEZ-LA AVEC
1 *cuillère à café* DE VINAIGRE
1 *cuillère à soupe* D'HUILE.

pour poser
le citron
debout
coupez-le
à la base

enlevez
l'arête
de la
sardine

Citron Fourré (1 pers)

COUPEZ LA CALOTTE DU CITRON.

VIDEZ-LE

AVEC UNE CUILLÈRE A CAFÉ.

METTEZ LA PULPE

ET LA MOITIÉ DU JUS

DANS UNE ASSIETTE.

HACHEZ 2 OLIVES NOIRES.

DANS L'ASSIETTE

AJOUTEZ

LES OLIVES NOIRES HACHÉES

1 SARDINE A LA TOMATE

1 *cuillère à soupe* DE BEURRE

1 *cuillère à café* DE CRÈME FRAÎCHE

1 *pointe de couteau* DE MOUTARDE

1 *pincée* DE SEL.

ÉCRASEZ LE TOUT

AVEC UNE FOURCHETTE.

REMPLISSEZ LE CITRON.

POSEZ LA CALOTTE DESSUS.

SERVEZ FROID.

on peut ajouter

une boîte de miettes de thon

Salade Niçoise (2 pers)

COUVREZ LE FOND DU PLAT

AVEC DES FEUILLES DE LAITUE (6 environ)

COUPEZ 4 TOMATES LAVÉES en tranches.

COUVREZ-EN LES FEUILLES DE LAITUE.

COUPEZ 1/2 POIVRON VERT en fines lamelles.

ET 1/2 PETIT OIGNON.

COUVREZ-EN LES TOMATES.

COUPEZ 1 ŒUF DUR en 8 rondelles.

POSEZ les rondelles SUR LES POIVRONS.

OUVREZ UNE petite BOITE D'ANCHOIS

POSEZ-LES SUR les rondelles D'ŒUF.

METTEZ SUR LA SALADE

6 OLIVES VERTES ET

6 OLIVES NOIRES.

VINAIGRETTE.

METTEZ DANS UN PETIT BOL

1 cuillère à soupe DE VINAIGRE

1/2 cuillère à café DE MOUTARDE

ET 4 pincées DE SEL.

AJOUTEZ

3 cuillères à soupe D'HUILE.

MELANGEZ

taille
des
allumettes

pour étendre
la pâte
facilement
farinez-la
tout le temps

Allumettes au Fromage

(4 pers)

ALLUMEZ LE FOUR (8).

DANS UN GRAND BOL
METTEZ

2 TASSES DE FARINE
8 *cuillères à soupe* DE BEURRE
4 *cuillères à soupe* DE LAIT
10 *cuillères à soupe* DE FROMAGE RAPÉ
1 *cuillère à café* DE SEL.

MÉLANGEZ AVEC LA MAIN
POUR FAIRE UNE PATE.

AVEC UN ROULEAU
ÉTENDEZ LA PATE SUR LA TABLE
jusqu'à cette épaisseur :

AVEC UN COUTEAU
COUPEZ LA PATE
A LA TAILLE DES ALLUMETTES.

RANGEZ LES ALLUMETTES
SUR UNE PLAQUE.

AU FOUR 15 MINUTES

la pâte étendue

doit avoir la taille

de ce livre ouvert.

lavez-vous
toujours
les mains

temps de cuisson :
oeuf dur : 10 minutes
riz : 20 minutes

Salade de riz *(4 pers)*

REMPLISSEZ UNE CASSEROLE D'EAU.
ALLUMEZ LE GAZ *(feu fort)*
POSEZ LA CASSEROLE DESSUS.
QUAND L'EAU BOUT
VERSEZ-Y 1 TASSE DE RIZ.

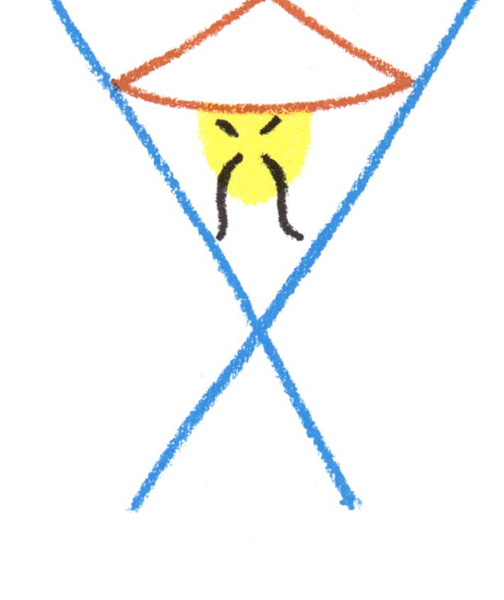

METTEZ DANS UN GRAND BOL
1 *cuillère à soupe* DE VINAIGRE
1/2 *cuillère à café* DE MOUTARDE
4 *pincées* DE SEL
3 *cuillères à soupe* D'HUILE.
MÉLANGEZ *avec la cuillère en bois.*

METTEZ 2 ŒUFS A DURCIR DANS LA CASSEROLE DU RIZ.

COUPEZ 2 TOMATES *en cubes*
ET 2 CORNICHONS *en rondelles.*
OUVREZ UNE PETITE BOITE D'ANCHOIS ET
UNE PETITE BOITE DE MIETTES DE THON.

METTEZ DANS LE BOL
TOMATES, CORNICHONS, THON, ANCHOIS,
6 OLIVES VERTES, 6 OLIVES NOIRES.
ENLEVEZ LES ŒUFS DE L'EAU.
ÉCAILLEZ-LES.
COUPEZ-LES *en rondelles* DANS LE BOL.
ÉGOUTTEZ LE RIZ DANS LA PASSOIRE.
METTEZ-LE DANS LE BOL.
MÉLANGEZ LE TOUT *et servez froid.*

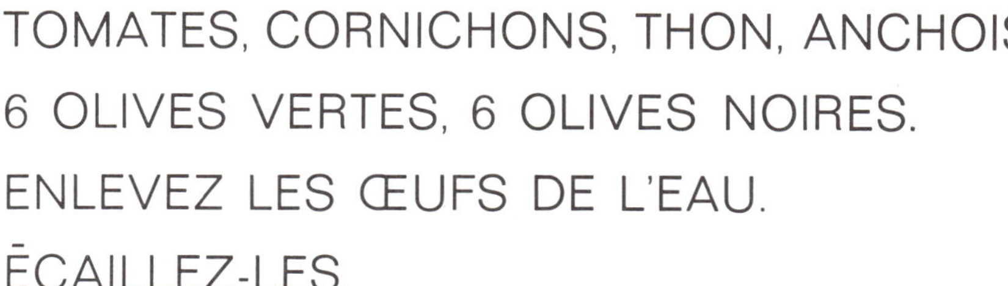

mettez toujours un tablier

le fromage doit être assez loin des bords du toast

Canapés au Fromage (2 pers)

ALLUMEZ LE FOUR (8)

COUPEZ 2 TRANCHES DE PAIN DE MIE.

ENLEVEZ LES BORDS.

DANS UNE ASSIETTE

CASSEZ 1 ŒUF.

AJOUTEZ-Y

3 PETITS FROMAGES BLANCS

5 cuillères à soupe DE FROMAGE RAPÉ

5 pincées DE SEL.

ÉCRASEZ

ET MÉLANGEZ BIEN

LE TOUT

AVEC UNE FOURCHETTE.

RÉPARTISSEZ LE MÉLANGE

SUR LES 2 TOASTS.

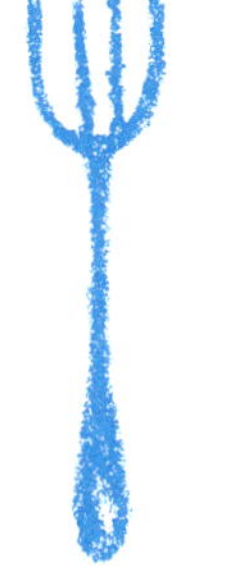

METTEZ AU FOUR

18 MINUTES.

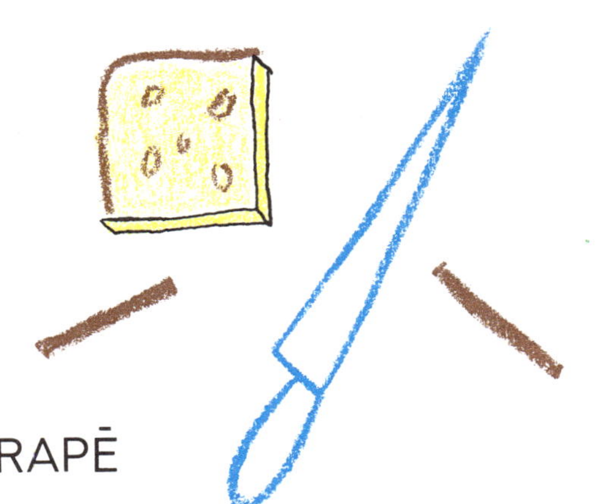
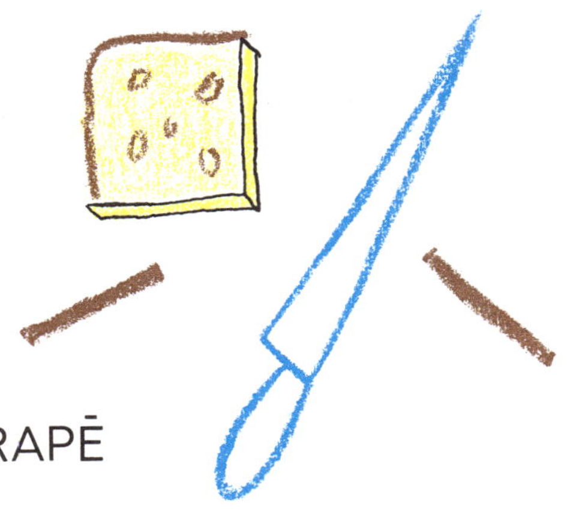

piquez
les bâtonnets
sur un
pamplemousse

Pruneaux au bacon (4 pers)

LE SOIR

METTEZ DANS UN BOL

12 PRUNEAUX SECS.

COUVREZ-LES D'EAU.

AJOUTEZ

1 cuillère à soupe DE COGNAC.

Bonne Nuit.

LE LENDEMAIN MATIN

ÉGOUTTEZ LES PRUNEAUX

DANS UNE PASSOIRE.

ENLEVEZ LES NOYAUX.

COUPEZ

6 TRANCHES FINES DE BACON

EN DEUX.

ENTOUREZ CHAQUE PRUNEAU

AVEC 1/2 TRANCHE DE BACON.

TRANSPERCEZ

BACON ET PRUNEAU

AVEC UN PETIT BATONNET.

pour enlever

l'intérieur

de la pomme

le jus de citron

garde

la pomme

blanche

Salade de Pomme (1 pers)

COUPEZ LA CALOTTE.

D'UNE BELLE POMME ROUGE.

ENLEVEZ L'INTÉRIEUR

AVEC UNE CUILLÈRE A CAFE.

COUPEZ-LE EN PETITS MORCEAUX

COUPEZ

1/2 BRANCHE DE CÉLERI

ET 2 RADIS

 *en tranches fines*

MÉLANGEZ DANS UN BOL

LES PETITS MORCEAUX DE POMME

LES TRANCHES DE RADIS ET DE CÉLERI

ET 3 NOIX EN QUARTIERS.

AJOUTEZ 2 *pincées* DE SEL

1 *cuillère à soupe* D'HUILE

ET 1/2 JUS DE CITRON.

MÉLANGEZ LE TOUT.

FOURREZ LA POMME

AVEC CE MÉLANGE.

REMETTEZ LA CALOTTE

AU-DESSUS.

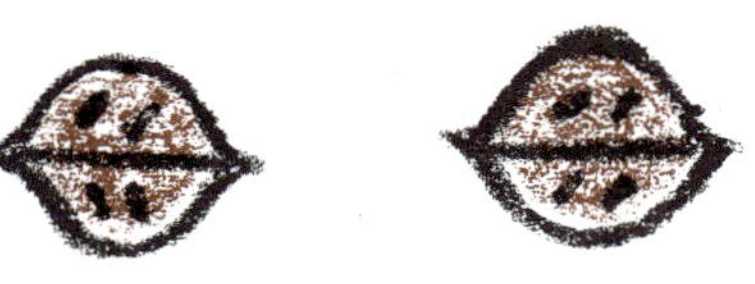

Œufs et Poissons

œuf en cocotte au curry

crêpe aux croûtons

œuf caroline

nid d'œuf

soufflé au fromage

beignets de crabe

sardines soufflées

filets de sole

aux amandes

chaque fois qu'il faut allumer le four il y a toujours à côté le numéro du thermostat ...(5) (6) (7) (8) (9)...

SALEZ la cocotte mais pas l'œuf

Œuf en cocotte au curry (1 pers)

ALLUMEZ LE FOUR (8)

BEURREZ UNE COCOTTE A ŒUF

AVEC 1/2 *cuillère à café* DE BEURRE.

SALEZ-LA AVEC 1 *pincée* DE SEL.

CASSEZ UN ŒUF DANS LA COCOTTE.

METTEZ AU FOUR

POUR 4 MINUTES.

PENDANT CE TEMPS

MÉLANGEZ DANS UNE TASSE

1 *cuillère à café* DE CRÈME

1 *pincée* DE SEL

1 *pointe de couteau* DE CURRY.

OUVREZ LE FOUR.

METTEZ LA CRÈME SUR L'ŒUF.

REFERMEZ LE FOUR.

LAISSEZ CUIRE 3 MINUTES.

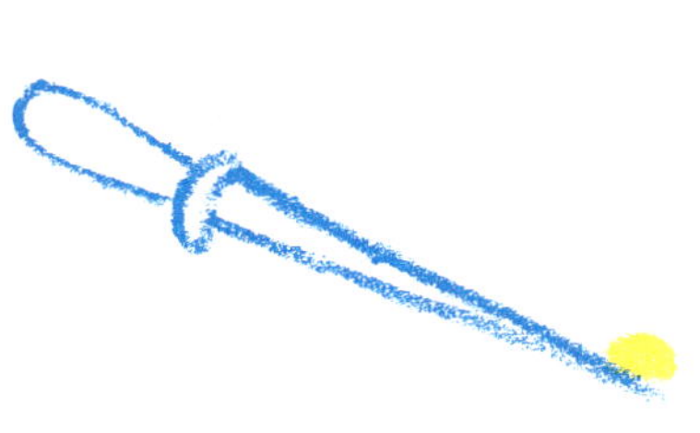

ne retournez pas la crêpe

faites-la glisser dans le plat

Crêpe aux croûtons *(2 pers)*

COUPEZ 60 CROUTONS DE PAIN.

ALLUMEZ LE GAZ *(feu moyen)*.
POSEZ LA POÊLE DESSUS.
METTEZ DANS LA POÊLE
2 *cuillères à soupe* D'HUILE
2 *cuillères à soupe* DE BEURRE.
QUAND LE BEURRE GRÉSILLE
VERSEZ LES CROUTONS DANS LA POÊLE.

DANS UN GRAND BOL
CASSSEZ 2 ŒUFS.
AJOUTEZ
1 TASSE DE LAIT
7 *cuillères à soupe* DE FROMAGE RAPÉ
4 *pincées* DE SEL.
BATTEZ AVEC LA FOURCHETTE.

VERSEZ DANS LA POÊLE.
BAISSEZ LE FEU *(très doux)*.
METTEZ LE COUVERCLE
SUR LA POÊLE.

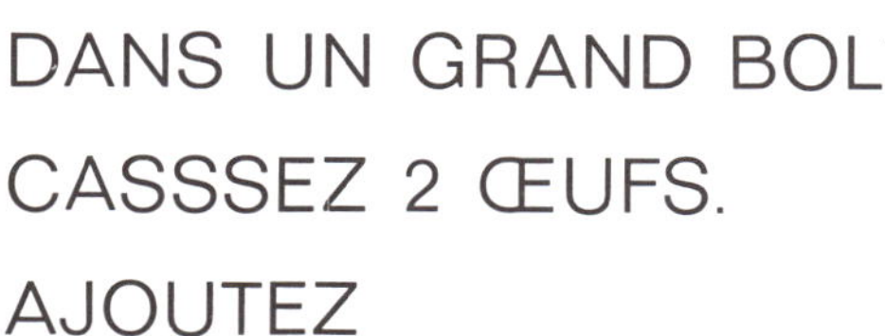

LAISSEZ CUIRE 10 MINUTES.

creusez bien la tomate

le beurre
empêche
le toast
de noircir

Oeuf Caroline (1 pers)

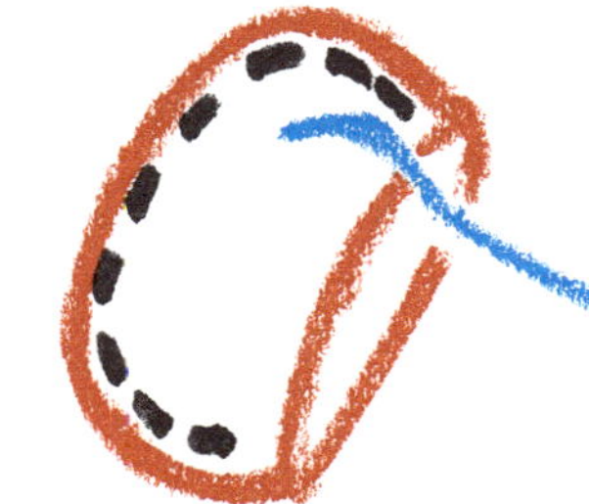

ALLUMEZ LE FOUR. (8)

COUPEZ LE CAPUCHON
D'UNE BELLE TOMATE.
VIDEZ LA TOMATE
AVEC UNE CUILLÈRE A CAFÉ.
SALEZ L'INTÉRIEUR DE LA TOMATE
AVEC 3 *pincées* DE SEL.
ALLUMEZ LE GAZ (*feu moyen*).
POSEZ LA POÊLE SUR LE FEU.
METTEZ DANS LA POÊLE
1 *cuillère à soupe* D'HUILE.
TARTINEZ 1 TRANCHE DE PAIN DE MIE
AVEC 2 *cuillères à café* DE BEURRE.
POSEZ LA TOMATE DANS LA POÊLE.
FAITES CUIRE 3 MINUTES.
POSEZ LA TOMATE CUITE
SUR LE TOAST BEURRÉ.

CASSEZ 1 ŒUF DANS LA TOMATE.
METTEZ AU FOUR *sur la grille* 5 MINUTES.
OUVREZ LE FOUR.
METTEZ
1 *cuillère à café*
DE CRÈME FRAÎCHE
ET 2 *pincées* DE SEL
SUR L'ŒUF.
REFERMEZ LE FOUR.
LAISSEZ CUIRE 5 MINUTES.

NE
SALEZ
JAMAIS
LE JAUNE
D'OEUF

posez le nid
d'oeuf sur
un rond
de papier
d'aluminium
pour qu'il
ne colle

pas

à la plaque

du

four

Nid d'œuf (1 pers)

ALLUMEZ LE FOUR (8)

SÉPAREZ
LE BLANC ET LE JAUNE D'UN ŒUF.
METTEZ LE BLANC DANS UN BOL,
LE JAUNE DANS UNE SOUCOUPE.
AJOUTEZ AU BLANC D'ŒUF
2 *pincées* DE SEL.
MONTEZ-LE EN NEIGE *très ferme*
MÉLANGEZ-Y *doucement*
2 *cuillères à soupe* DE FROMAGE RAPÉ.
POSEZ-LE
EN FORME DE NID
SUR LA PLAQUE DU FOUR.
METTEZ AU FOUR 3 MINUTES.

OUVREZ LE FOUR.
FAITES GLISSER LE JAUNE D'ŒUF
DE LA SOUCOUPE DANS LE NID.
REFERMEZ LE FOUR
POUR 3 MINUTES.

servez très vite.

pour séparer les blancs
des jaunes

pour avoir des blancs
en neige très ferme
ajoutez une pincée
de sel

Soufflé au Fromage *(2 ou 4 pers)*

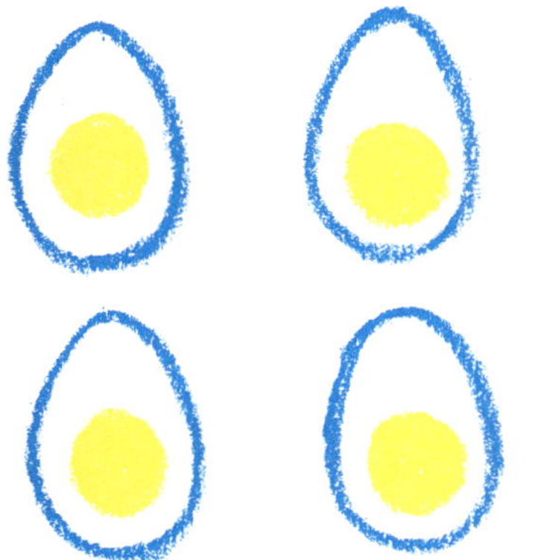

ALLUMEZ LE FOUR (7).

SEPAREZ LES BLANCS ET LES JAUNES DE 4 ŒUFS,
LES BLANCS DANS UN GRAND BOL
ET LES JAUNES DANS UNE ASSIETTE.

ALLUMEZ LE GAZ *(feu doux)*
METTEZ LA CASSEROLE DESSUS.

METTEZ DANS LA CASSEROLE
2 *cuillères à soupe* DE BEURRE.

QUAND LE BEURRE GRÉSILLE
AJOUTEZ 1 *cuillère à soupe* DE FARINE.

REMUEZ 1 MINUTE *avec la cuillère en bois.*

AJOUTEZ *doucement* LA TASSE DE LAIT FROID
PUIS LES 4 JAUNES D'ŒUF *en remuant toujours.*

SALEZ (2 *pincées* DE SEL).

BEURREZ LE MOULE AVEC 1 *cuillère à soupe* DE BEURRE.

SORTEZ LA CASSEROLE DU FEU.

MONTEZ LES BLANCS D'ŒUF EN NEIGE *très ferme.*

VERSEZ-LES DANS LA CASSEROLE.

AJOUTEZ 5 *cuillères à soupe*
DE FROMAGE RAPE.

MÉLANGEZ *très vite*
avec la cuillère en bois. VERSEZ

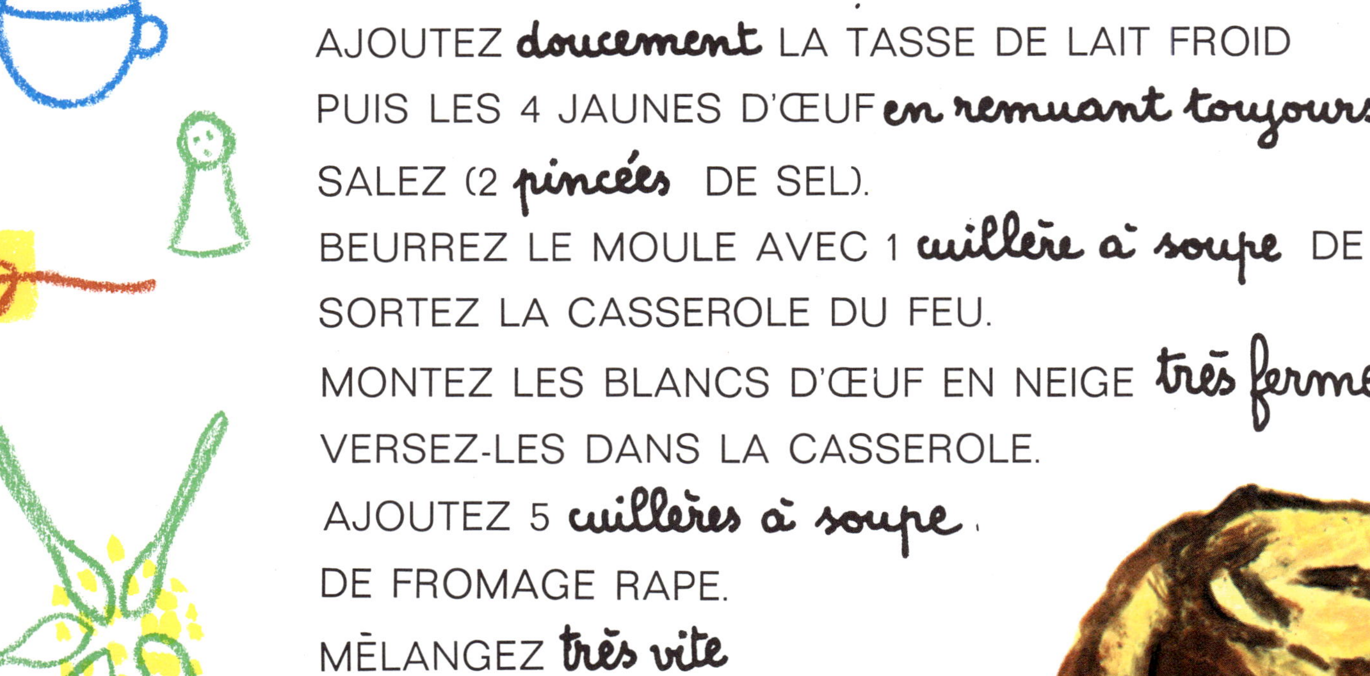

DANS LE MOULE BEURRÉ.

AU FOUR 15 MINUTES.

OUVREZ LE FOUR. SAUPOUDREZ
LE SOUFFLE AVEC 1 *cuillère à soupe*
DE FROMAGE RAPÉ.

REFERMEZ LE FOUR POUR 10 MINUTES.

l'huile est chaude
quand elle commence
à fumer

Beignets de crabe

(4 pers)

ALLUMEZ LE GAZ (feu fort).

POSEZ LA CASSEROLE DESSUS.
METTEZ DANS LA CASSEROLE
1 TASSE D'EAU
3 cuillères à soupe   DE BEURRE
5 pincées DE SEL.
QUAND ÇA BOUT
AJOUTEZ 1 TASSE DE FARINE.
BAISSEZ LE FEU   (feu doux).
MÉLANGEZ trés fort   2 MINUTES
AVEC la cuillère en bois.
SORTEZ LA CASSEROLE DU FEU.
MONTEZ LE FEU (feu moyen)
POSEZ LA POÊLE DESSUS.
VERSEZ-Y 3 TASSES D'HUILE.
OUVREZ LA BOITE DE CRABE.
ÉMIETTEZ LE CRABE DANS LA CASSEROLE.
AJOUTEZ-Y UN A UN
3 ŒUFS ENTIERS
EN MÉLANGEANT BIEN
AVEC la cuillère en bois.

LA PATE EST TERMINÉE.
PRENEZ-EN 1 CUILLÈRE A CAFÉ
POUSSEZ-LA avec le doigt (propre)
DANS LA POÊLE.
LAISSEZ DORER 5 MINUTES.

la pâte doit
se détacher
des bords de
la casserole

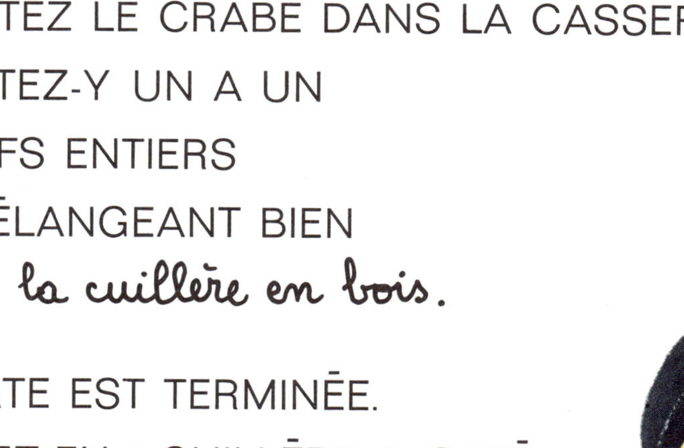

mettez
les
toasts
sur la
grille
du
four
MANGEZ
TOUT
DE SUITE

Sardine Soufflée (2 pers)

ALLUMEZ LE FOUR (8).

COUPEZ
2 TRANCHES DE PAIN DE MIE.
ENLEVEZ LES BORDS.

SÉPAREZ
LE BLANC ET LE JAUNE D'UN ŒUF.
METTEZ LE BLANC DANS UN BOL,
LE JAUNE DANS UNE ASSIETTE.
DANS L'ASSIETTE AJOUTEZ
2 SARDINES A LA TOMATE ET
1 *cuillère à soupe* DE BEURRE.
ET 2 *pincées* DE SEL.
ECRASEZ LE TOUT
AVEC UNE FOURCHETTE.

MONTEZ LE BLANC D'ŒUF
EN NEIGE *très ferme*

MÉLANGEZ-LE *doucement*
AUX SARDINES.

ÉTENDEZ SUR LES 2 TOASTS,
AU FOUR 10 MINUTES.

TAPOTEZ
les filets
de sole
entre
les mains
pour
faire tomber
le surplus
de farine

Filets de sole aux amandes

(2 pers)

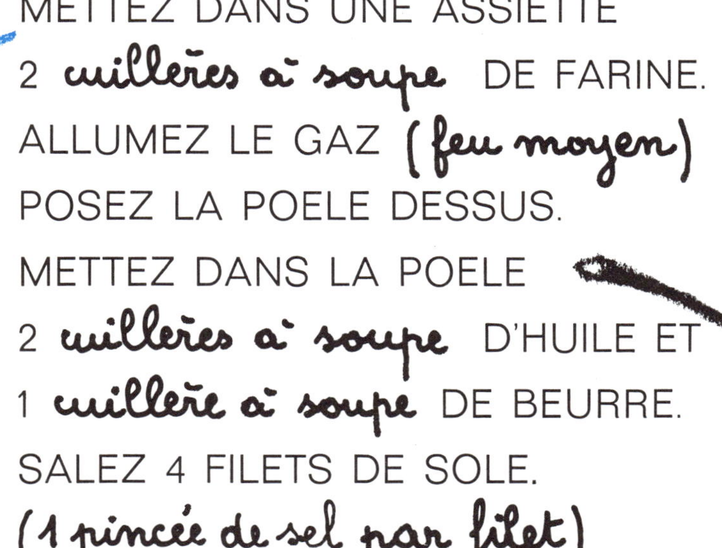

METTEZ DANS UNE ASSIETTE
2 cuillères à soupe DE FARINE.
ALLUMEZ LE GAZ (feu moyen)
POSEZ LA POELE DESSUS.
METTEZ DANS LA POELE
2 cuillères à soupe D'HUILE ET
1 cuillère à soupe DE BEURRE.
SALEZ 4 FILETS DE SOLE.
(1 pincée de sel par filet)

PASSEZ-LES DANS LA FARINE PUIS
POSEZ-LES DANS LA POELE.
LAISSEZ DORER 5 MINUTES DE CHAQUE COTE.
RANGEZ-LES SUR LE PLAT.
JETEZ LE BEURRE DE CUISSON DE LA POELE.
REPOSEZ-LA SUR LE FEU sans la nettoyer.
METTEZ-Y 2 cuillères à soupe DE BEURRE.
QUAND LE BEURRE EST FONDU
AJOUTEZ 2 pincées DE SEL
2 cuillères à soupe D'AMANDES EFFILEES
ET 1/2 JUS DE CITRON.
LAISSEZ CUIRE 1 MINUTE.
VERSEZ SUR
LES FILETS DE SOLE.

viandes et poulets

jambalaya
coq au vin
poulet à l'ananas
poulet à l'ail
poulet au sel
lapin à la moutarde
roulade de veau
côte de porc aux pommes
steack haché aux champignons
steack au poivre

coupez l'escalope
en 2
puis en tranches
moyennes

Jambalaya (4 pers)

OUVREZ LA BOITE DE PETITES SAUCISSES COCKTAIL
ET FAITES-LES ÉGOUTTER DANS LA PASSOIRE.

COUPEZ UNE TRANCHE DE VEAU *de cette épaisseur*
EN DEUX DANS LE SENS DE LA LONGUEUR
PUIS EN TRANCHES MOYENNES.

ALLUMEZ LE FOUR (T 7).

HACHEZ 2 GROS OIGNONS *très menu*.

ALLUMEZ LE GAZ (*feu moyen*).
POSEZ LA COCOTTE DESSUS.
METTEZ DEDANS 2 *cuillères à soupe* DE BEURRE
ET 3 *cuillères à soupe* D'HUILE.
AJOUTEZ LES OIGNONS *hachés menu*.
LAISSEZ CUIRE 5 MINUTES
JUSQU'A CE QUE LES OIGNONS ROUSSISSENT.
AJOUTEZ LES MORCEAUX D'ESCALOPE
ET 6 *pincées* DE SEL.
LAISSEZ CUIRE 5 MINUTES
EN REMUANT *avec la cuillère en bois*.
AJOUTEZ 1 1/2 TASSE DE RIZ,
1 *cuillère à soupe* DE POUDRE DE CURRRY
ET 4 TOMATES ENTIÈRES.
MÉLANGEZ *avec la cuillère en bois*
PUIS AJOUTEZ 3 TASSES D'EAU.

MÉLANGEZ ET METTEZ LA COCOTTE
DANS LE FOUR POUR 15 MINUTES.

×3

OUVREZ LE FOUR.

VERSEZ LES PETITES SAUCISSES SUR LE RIZ.
REFERMEZ LE FOUR POUR 5 MINUTES.

DANS
TOU-
TES
LES
RE-
CETTES
LE
POIVRE
EST
FACULTATIF
longueur
et
épaisseur
de la tranche de lard

Coq au Vin *(4 pers)*

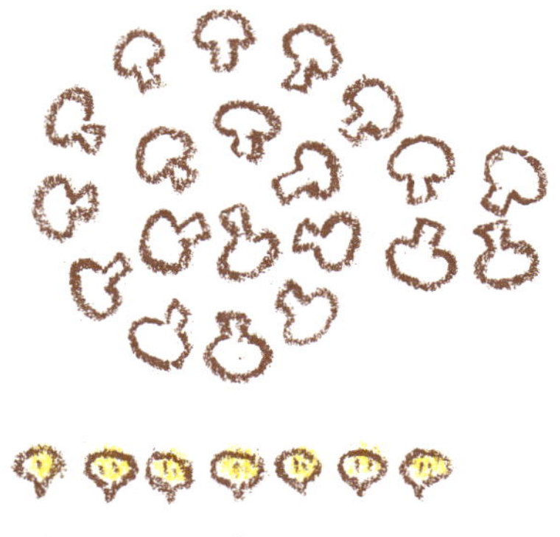

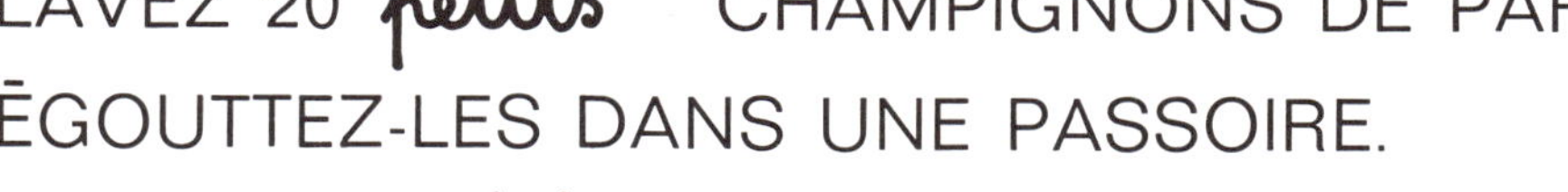

LAVEZ 20 *petits* CHAMPIGNONS DE PARIS.

ÉGOUTTEZ-LES DANS UNE PASSOIRE.

PELEZ 20 *petits* OIGNONS.

HACHEZ 1 GOUSSE D'AIL.

COUPEZ 1 TRANCHE DE LARD MAIGRE

EN 20 CARRÉS *(lardons)*.

ALLUMEZ LE GAZ *(feu moyen)*

POSEZ LA COCOTTE DESSUS.

METTEZ DANS LA COCOTTE

1 *cuillère à soupe* DE BEURRE.

QUAND LE BEURRE GRÉSILLE

AJOUTEZ LES 20 LARDONS,

LES 20 *petits* OIGNONS, L'AIL HACHÉ,

LES 20 *petits* CHAMPIGNONS DE PARIS,

1 BRIN DE THYM, 1 FEUILLE DE LAURIER.

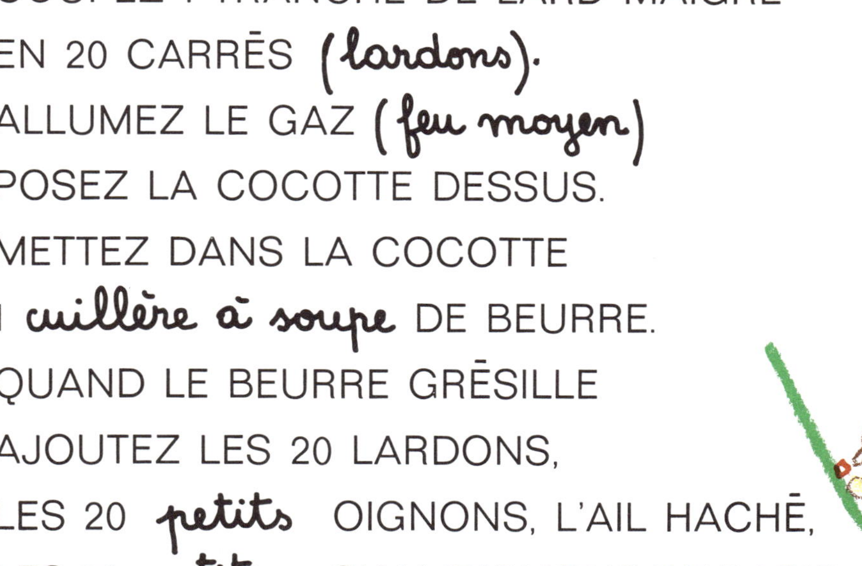

LAISSEZ DORER 5 MINUTES.

SAUPOUDREZ AVEC 1 *cuillère à soupe* DE FARINE.

AJOUTEZ LE POULET COUPÉ EN 4.

MÉLANGEZ AVEC *la cuillère en bois.*

METTEZ LE COUVERCLE SUR LA COCOTTE.

LAISSEZ CUIRE 10 MINUTES.

AJOUTEZ 2 TASSES DE VIN ROUGE

ET 3 *pincées* DE SEL.

BAISSEZ LE FEU *(feu doux)*

LAISSEZ MIJOTER 40 MINUTES.

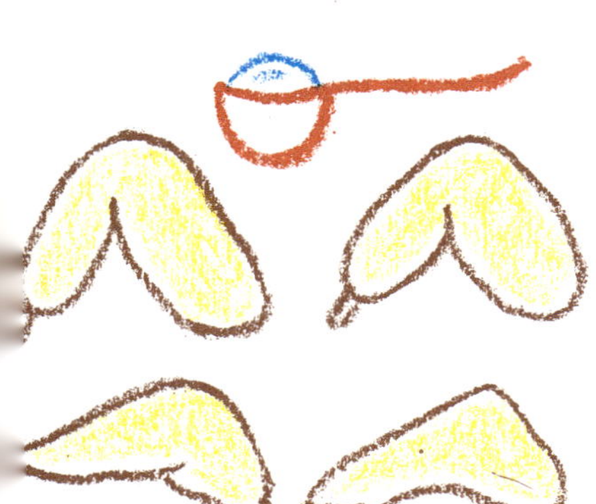

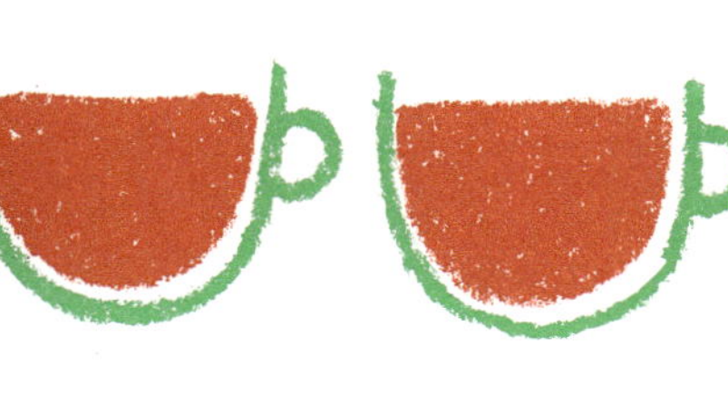

l'ananas
frit
plus
vite que
le poulet

Poulet Frit à l'ananas (6 pers)

VERSEZ 1 TASSE DE LAIT DANS UN PLAT CREUX.

AJOUTEZ-Y LE POULET CRU COUPÉ EN 14 MORCEAUX.

SALEZ AVEC 3 *pincées* DE SEL.

MÉLANGEZ BIEN AVEC LA MAIN *(propre)*.

OUVREZ LA BOITE D'ANANAS.

SÉPAREZ LE BLANC ET LE JAUNE DE 2 OEUFS.

METTEZ LES BLANCS DANS UN GRAND BOL

ET LES JAUNES DANS UNE SOUCOUPE.

METTEZ DANS UN SALADIER, 1 1/2 TASSE DE FARINE.

AJOUTEZ, *en mélangeant bien avec le fouet,*

LE JUS DE LA BOITE D'ANANAS,

LES 2 JAUNES D'OEUF

ET 1/2 TASSE DE VIN BLANC *(ou de bière)*.

SALEZ AVEC 5 *pincées* DE SEL.,

ALLUMEZ LE GAZ *(feu FORT)*.

POSEZ UNE GRANDE POÊLE DESSUS.

VERSEZ-Y 2 TASSES D'HUILE.

ÉGOUTTEZ LE POULET DANS UNE PASSOIRE

ET SÉCHEZ LES MORCEAUX DANS UN LINGE.

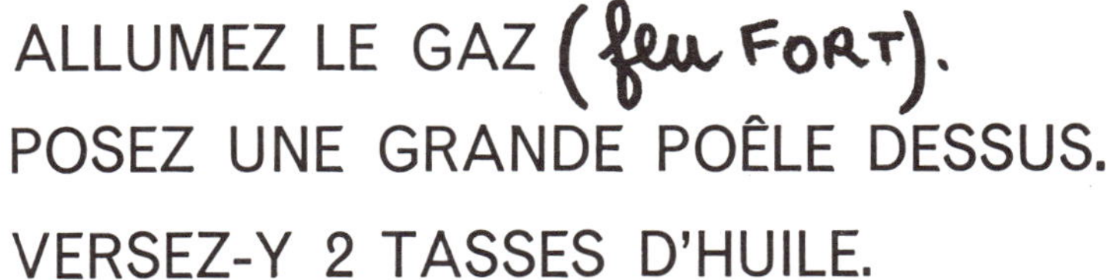

MONTEZ LES 2 BLANCS D'OEUF EN NEIGE *très ferme*

ET MÉLANGEZ-LES *doucement* A LA PÂTE DU SALADIER.

TREMPEZ LES MORCEAUX DE POULET DANS LA PÂTE

ET JETEZ-LES DANS LA POÊLE.

LAISSEZ FRIRE 5 MINUTES *de chaque côté.*

FAITES LA MÊME CHOSE AVEC LES TRANCHES

D'ANANAS EN LES LAISSANT FRIRE

3 MINUTES DE CHAQUE COTÉ SEULEMENT.

quand le poulet est cuit
posez les morceaux
dans le plat
et

ajoutez dans la cocotte
1 cuillère à soupe d'eau FROIDE

remuez très vite.

avec le fouet

Poulet à l'ail (4 pers)

METTEZ 2 *cuillères à soupe* DE FARINE

DANS UNE ASSIETTE.

SALEZ LES 4 MORCEAUX DE POULET

(*2 pincées de sel pour chaque morceau*)

ALLUMEZ LE GAZ (*feu moyen*)

POSEZ LA COCOTTE SUR LE FEU.

METTEZ-Y 2 *cuillères à soupe* DE BEURRE.

PASSEZ LES MORCEAUX DE POULET DANS LA FARINE.

METTEZ-LES DANS LA COCOTTE.

PELEZ TROIS GOUSSES D'AIL.

TOURNEZ LES MORCEAUX DE POULET.

HACHEZ LES GOUSSES D'AIL (*très fin*).

ENLEVEZ LE POULET DE LA COCOTTE

POSEZ-LE DANS UNE ASSIETTE.

METTEZ L'AIL HACHÉ DANS LA COCOTTE.

OUVREZ UNE GRANDE BOITE DE LAIT

CONDENSÉ NON SUCRÉ.

METTEZ DANS LA COCOTTE

1/2 TASSE DE VIN BLANC

ET LE CONTENU DE LA BOITE DE LAIT.

AJOUTEZ LE POULET

ET 3 *pincées* DE SEL.

BAISSEZ LE FEU (*feu doux*).

METTEZ LE COUVERCLE

SUR LA COCOTTE.

LAISSEZ MIJOTER

20 MINUTES.

cassez
DÉLICATEMENT
la
croûte du sel
pour sortir le poulet

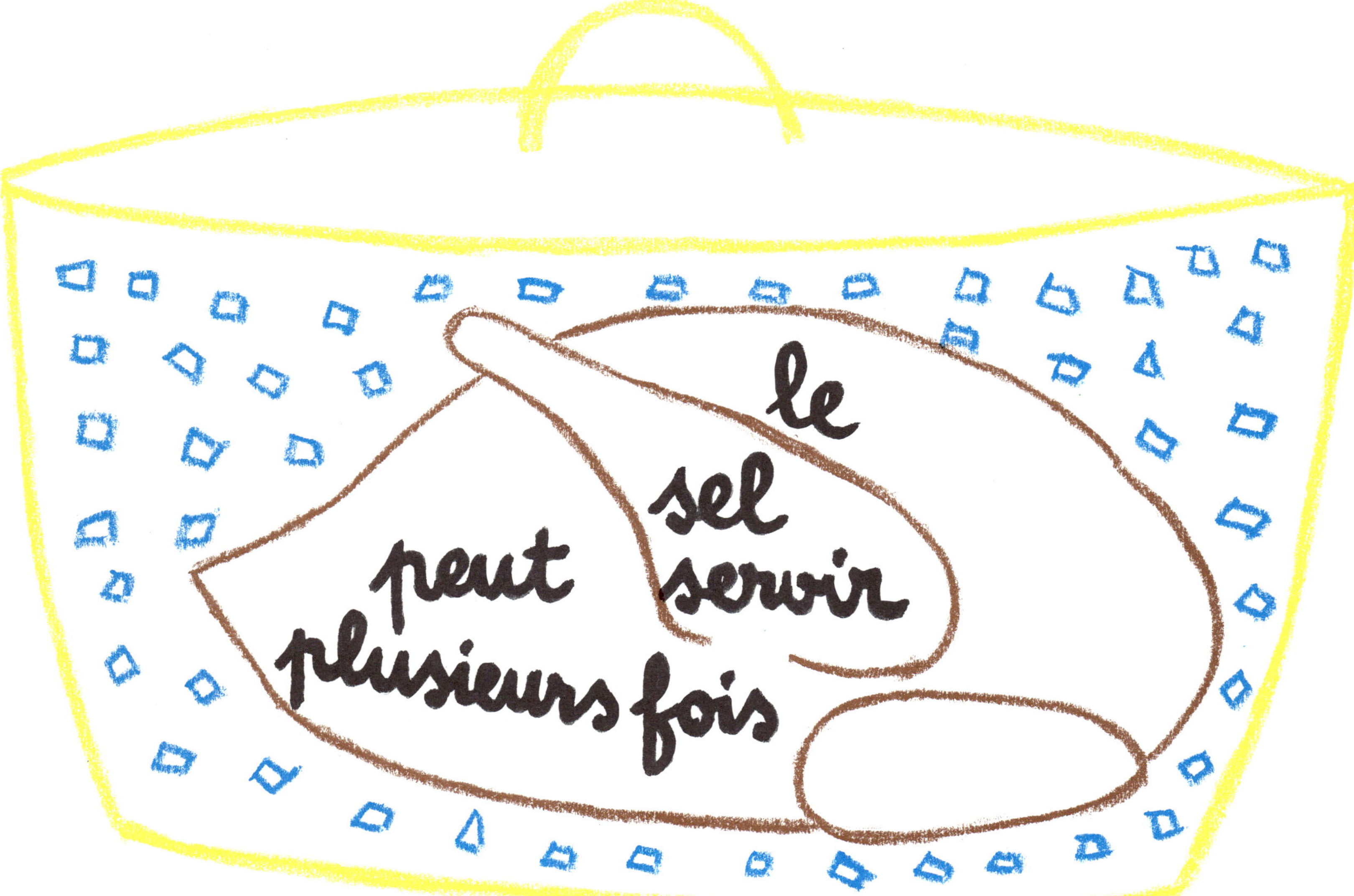

Poulet au sel (4 pers)

ALLUMEZ LE FOUR (9)

VERSEZ

2 TASSES DE GROS SEL

DANS LE FOND DE LA COCOTTE.

POSEZ LE POULET DESSUS.

VERSEZ

AUTOUR DU POULET

6 TASSES DE GROS SEL

ET SUR LE POULET

4 TASSES DE GROS SEL.

METTEZ LE COUVERCLE

SUR LA COCOTTE.

AU FOUR 1 HEURE 1/2

LE POÙLET

EST DORE

ET CUIT A POINT.

ne salez
pas
le lapin

la
moutarde
suffit

Lapin à la moutarde
(4 pers)

ALLUMEZ LE FOUR (8).

DANS UNE ASSIETTE
MÉLANGEZ *avec une fourchette*
3 *cuillères à soupe* DE MOUTARDE
2 *cuillères à soupe* DE CHAPELURE
1 *cuillère à soupe* D'HUILE
TARTINEZ *largement* LE LAPIN
SUR TOUS LES CÔTÉS.
POSEZ LE LAPIN SUR LA PLAQUE.
METTEZ-LE AU FOUR
30 MINUTES.

SORTEZ LE LAPIN DE LA PLAQUE.
POSEZ-LE SUR LE PLAT DE SERVICE.
ALLUMEZ LE GAZ *(feu moyen)*.
POSEZ LA PLAQUE SUR LE FEU.
METTEZ DEDANS
1 TASSE DE CRÈME FRAÎCHE
ET 3 *pincées* DE SEL.
REMUEZ 1 MINUTE
AVEC *la cuillère en bois.*

VERSEZ SUR LE LAPIN.

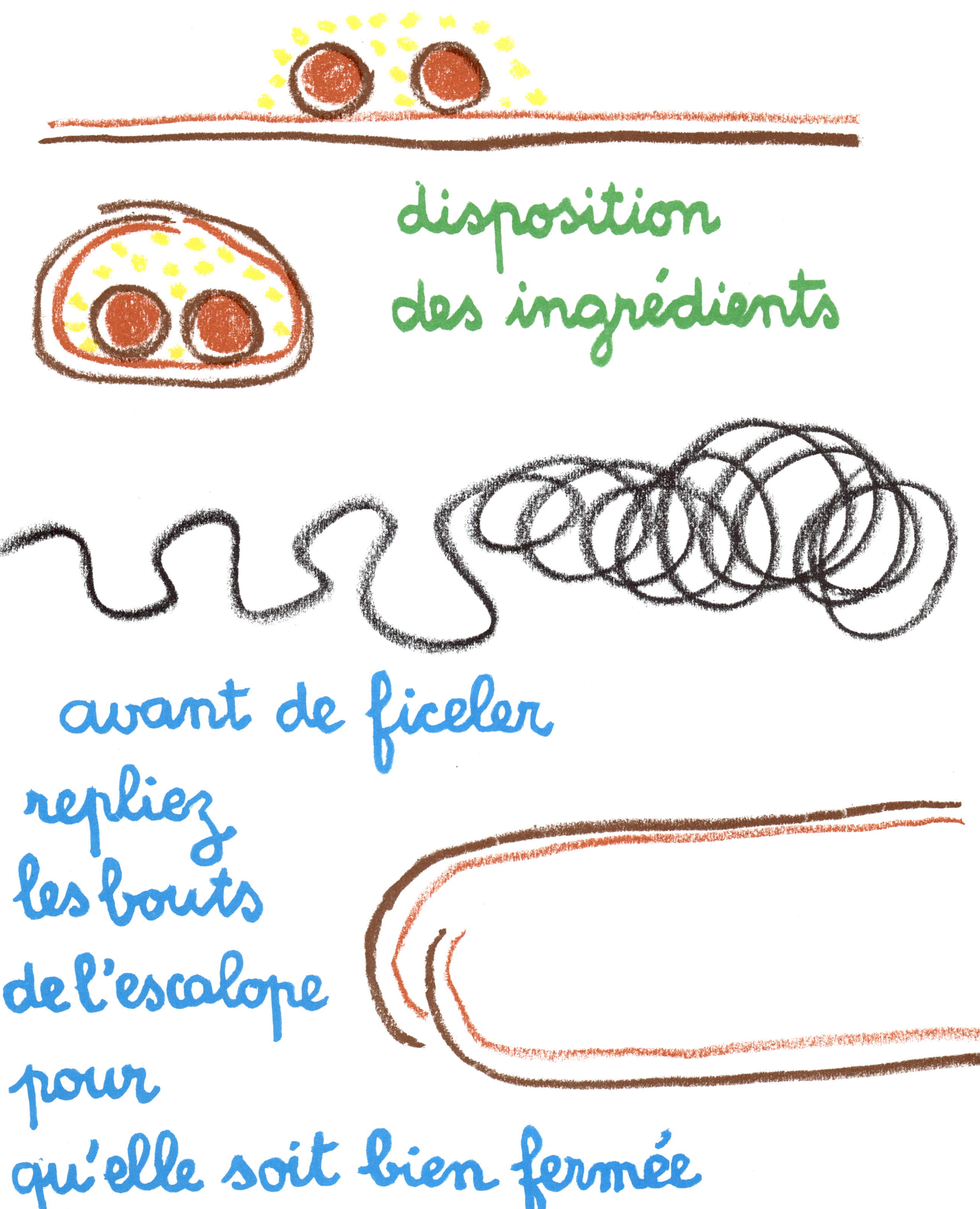

disposition des ingrédients
avant de ficeler repliez les bouts de l'escalope pour qu'elle soit bien fermée

Roulade de Veau (2 pers)

ALLUMEZ LE FOUR (8).

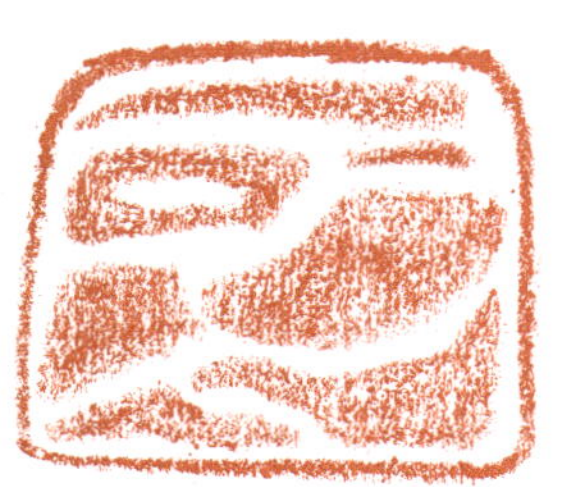

SUR UNE ESCALOPE DE VEAU *très fine*
POSEZ UNE TRANCHE DE JAMBON BLANC
COUPEZ EN DEUX
1 SAUCISSE DE FRANCFORT.
POSEZ LES 2 MORCEAUX COTE A COTE
AU CENTRE DU JAMBON.

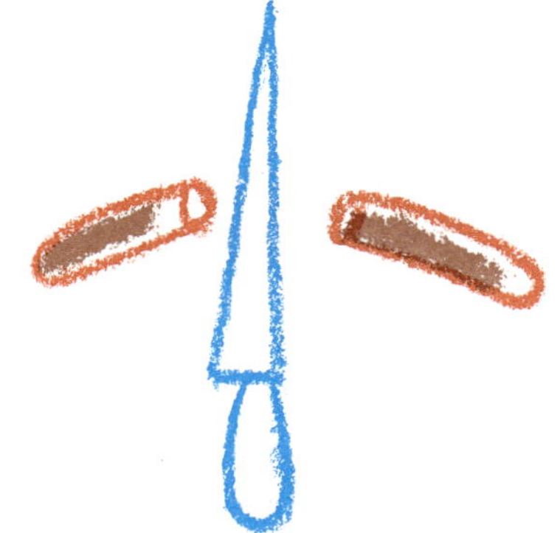

DANS UNE ASSIETTE
ÉCRASEZ AVEC UNE FOURCHETTE
1 ŒUF DUR PELÉ.

AJOUTEZ 1 *cuillère à café* DE CRÈME FRAÎCHE
ET 3 *pincées* DE SEL.
MÉLANGEZ.

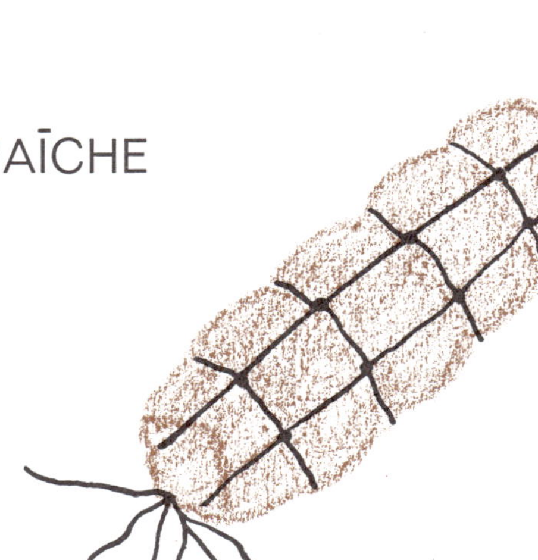

METTEZ LE MÉLANGE
AU DESSUS ET AUTOUR
DES SAUCISSES.
ROULEZ L'ESCALOPE *comme un gros saucisson.*
FICELEZ-LA SOIGNEUSEMENT.
SALEZ AVEC 4 *pincées* DE SEL.

METTEZ L'ESCALOPE DANS LE PLAT
AVEC
1 *cuillère à soupe* DE BEURRE
ET 1 *cuillère à soupe* D'HUILE.
AU FOUR 35 MINUTES.

le cochon
doit se manger
très cuit

Côte de porc aux pommes

(1 pers)

PELEZ 2 POMMES REINETTES.

COUPEZ-LES EN 4

PUIS EN TRANCHES FINES *(5 tranches par quartier)*.

ALLUMEZ LE GAZ *(feu moyen)*.

POSEZ LA POÊLE DESSUS.

METTEZ-Y 1 *cuillère à soupe* DE BEURRE.

SALEZ LA COTE DE PORC *(1 pincée de sel de chaque coté)*.

POSEZ-LA DANS LA POELE.

LAISSEZ-LA CUIRE 3 MINUTES.

TOURNEZ-LA.

AJOUTEZ 2 *cuillères à soupe* DE BEURRE.

PUIS LES TRANCHES DE POMME

A COTÊ DE LA COTE DE PORC.

SALEZ-LES *(4 pincées)*.

LAISSEZ CUIRE 5 MINUTES

EN REMUANT

de temps en temps

AVEC UNE FOURCHETTE

LES TRANCHES DE POMME

POUR QU'ELLES DORENT

DES DEUX COTÊS.

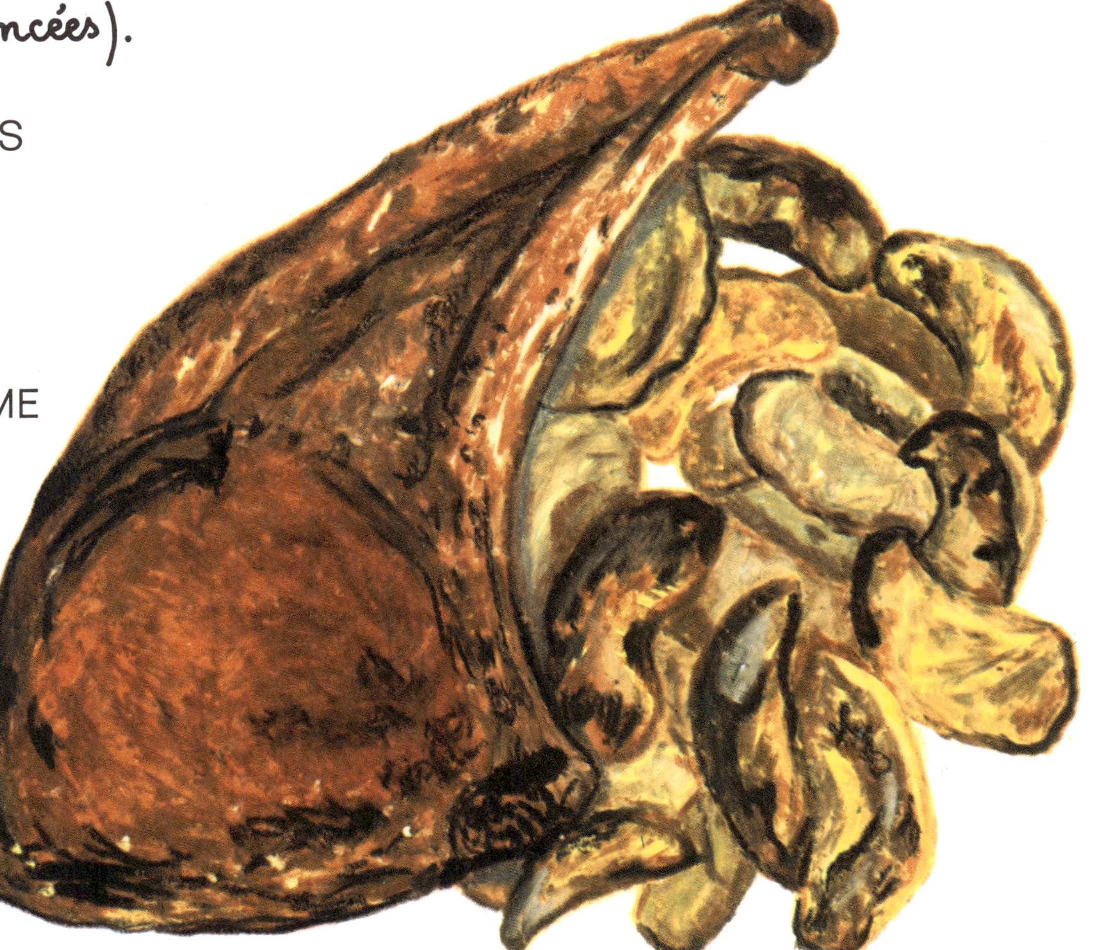

laissez toujours la cuisine propre

la viande hachée ne se conserve pas

Steacks hachés aux champignons

(2 pers)

OUVREZ UNE PETITE BOITE
DE CHAMPIGNONS DE PARIS.
ÉGOUTTEZ-LES DANS UNE PASSOIRE.
COUPEZ-LES EN TRANCHES
PUIS HACHEZ-LES MENU.
CASSEZ 1 ŒUF DANS UNE ASSIETTE.
AJOUTEZ LES CHAMPIGNONS
ET LES 2 STEACKS HACHÉS.
SALEZ (5 pincées).
MÉLANGEZ BIEN LE TOUT
AVEC UNE FOURCHETTE.
REFORMEZ EN DEUX STEACKS RONDS
en compressant bien la viande.
ALLUMEZ LE GAZ (feu moyen).
POSEZ LA POÊLE DESSUS.
METTEZ DANS LA POÊLE
1 cuillère à soupe DE BEURRE
2 cuillères à soupe D'HUILE.
QUAND LE BEURRE GRÉSILLE
FAITES GLISSER LES STEACKS
DE L'ASSIETTE
DANS LA POÊLE.
LAISSEZ CUIRE 3 MINUTES.
RETOURNEZ LES STEACKS
AVEC UNE SPATULE.
LAISSEZ CUIRE 3 MINUTES.

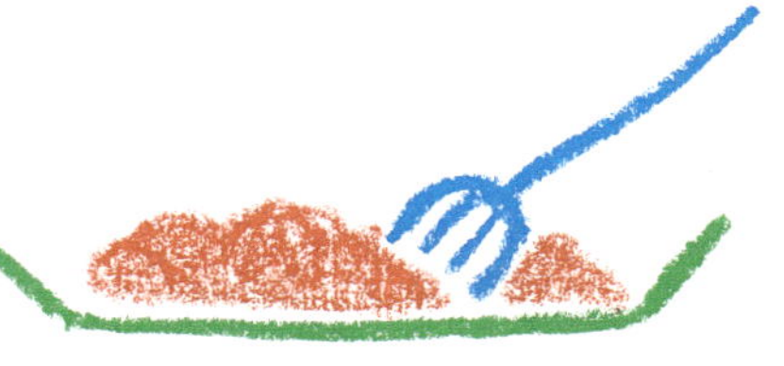

ÉCRASEZ LE POIVRE
enfoncez-le dans le steack

Steack au Poivre *(2 pers)*

METTEZ 1 *cuillère à café* DE POIVRE EN GRAINS
ENTRE LES 2 ÉPAISSEURS DU TORCHON.
ÉCRASEZ LE POIVRE
AVEC LE FOND DU VERRE.
SALEZ LE STEACK
(2 *pincées* DE SEL DE CHAQUE COTÉ).
ENFONCEZ LE POIVRE ECRASÉ DANS LE STEACK
AVEC LE DOS DE LA CUILLÈRE.

ALLUMEZ LE GAZ *(feu moyen)*
POSEZ LA POÊLE SUR LE FEU.
METTEZ DANS LA POÊLE
1 *cuillère à soupe* D'HUILE
1 *cuillère à soupe* DE BEURRE.
QUAND LE BEURRE GRÉSILLE
POSEZ LE STEACK DANS LA POÊLE.
FAITES-LE CUIRE 3 MINUTES DE CHAQUE COTÉ.

POSEZ LE STEACK SUR UN PLAT.
JETEZ LE BEURRE DE CUISSON
SANS NETTOYER LA POÊLE.
METTEZ DANS LA POÊLE
1 *cuillère à café* DE COGNAC
1 *cuillère à soupe* DE BEURRE
2 *cuillères à soupe*
DE CRÊME FRAÎCHE
2 *pincées* DE SEL.
REMUEZ 1 MINUTE *avec la cuillère.*
VERSEZ SUR LE STEACK.

Sauces et légumes

mayonnaise
sauce béchamel
sauce mornay
chou-fleur hérisson
pâtes fraîches
gratin de pommes de terre
riz pilaff

le jaune d'œuf
CUIT
au contact
de la moutarde

ne mettez
jamais la
mayonnaise
au
réfrigérateur

Mayonnaise *(2, 3 ou 4 pers)*

DANS UN BOL

METTEZ

1 JAUNE D'ŒUF

1 *cuillère à café* DE MOUTARDE

4 *pincées* DE SEL.

MÉLANGEZ AVEC *la cuillère en bois.*

LAISSEZ REPOSER 3 MINUTES.

EN TOURNANT

TOUT LE TEMPS

AVEC *la cuillère en bois.*

AJOUTEZ

petit à petit

3/4 DE TASSE D'HUILE.

versez l'huile en petit filet

on peut ajouter quelques gouttes de vinaigre après l'huile

la sauce
mornay
gratine
très bien

l'épaisseur de la
sauce dépend de
la quantité
de farine

Sauce Béchamel

ALLUMEZ LE GAZ (feu doux)
POSEZ LA CASSEROLE DESSUS.
METTEZ-Y
3 cuillères à soupe DE BEURRE.
AJOUTEZ
2 cuillères à soupe DE FARINE.
MÉLANGEZ AVEC la cuillère en bois.
LAISSEZ CUIRE 1 MINUTE.
AJOUTEZ doucement
EN TOURNANT AVEC LE FOUET
1 1/2 TASSE DE LAIT FROID.
METTEZ 4 pincées DE SEL.
LAISSEZ CUIRE 5 MINUTES.

Sauce Mornay

AJOUTEZ
HORS DU FEU
A LA SAUCE BÉCHAMEL
1 JAUNE D'ŒUF et
4 cuillères à soupe DE FROMAGE RAPÉ.
MÉLANGEZ AVEC LE FOUET.

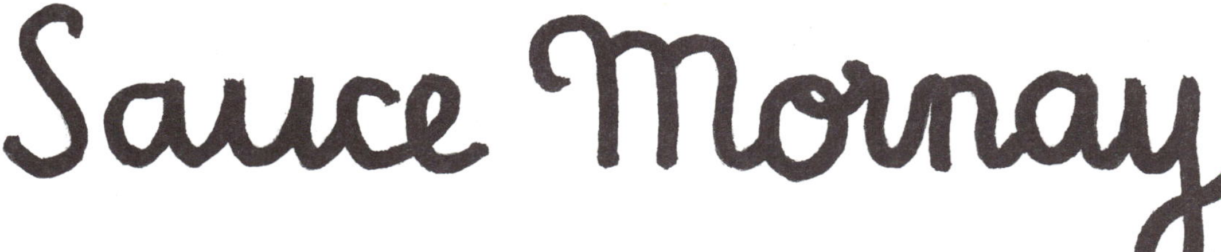

ayez toujours
les
ongles propres

l'eau
doit bouillir
doucement

Chou-Fleur Hérisson *(4 pers)*

ALLUMEZ LE GAZ *(feu fort)*
POSEZ DESSUS UNE GRANDE CASSEROLE.
REMPLISSEZ-LA D'EAU AUX 3/4.
AJOUTEZ 2 *cuillères à soupe* DE GROS SEL.

PELEZ 3 CAROTTES.
COUPEZ-LES EN DEUX
PUIS CHAQUE MOITIÉ EN 4.

METTEZ LE CHOU-FLEUR
ET *les bâtonnets* DE CAROTTES
DANS LA CASSEROLE.
LAISSEZ CUIRE 12 MINUTES.

ÉGOUTTEZ DANS UNE PASSOIRE
LE CHOU-FLEUR ET LES CAROTTES.

POSEZ LE CHOU-FLEUR SUR LE PLAT.
PIQUEZ DESSUS
les bâtonnets DE CAROTTES,
8 OLIVES VERTES
8 OLIVES NOIRES.

servez avec

une vinaigrette.

farinez tout le temps
la pâte
pour qu'elle
ne colle pas

à défaut
de rouleau
prenez
une
bouteille
vide

Pâtes Fraiches *(2 pers)*

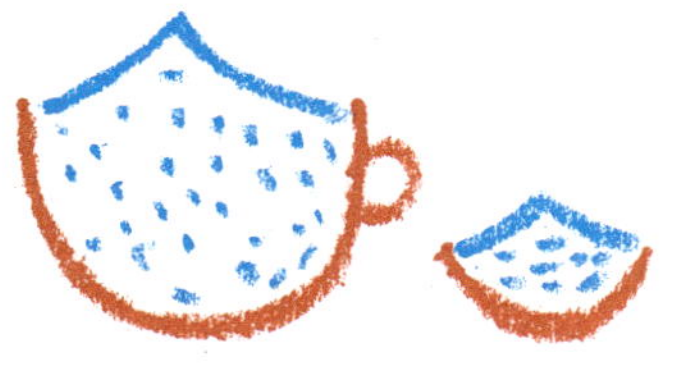

DANS UN GRAND BOL METTEZ

1 TASSE 1/4 DE FARINE

2 ŒUFS ET 4 *pincées* DE SEL.

MÉLANGEZ *avec une main propre*

POUR FAIRE UNE PATE.

COUPEZ LA PATE EN DEUX.

SAUPOUDREZ LA TABLE AVEC

1 *cuillère à soupe* DE FARINE.

POSEZ DESSUS LA MOITIÉ DE LA PATE.

ÉTENDEZ-LA AVEC LE ROULEAU.

la pâte doit avoir la taille de ce livre ouvert

COUPEZ-LA EN DEUX.

FARINEZ-LA DES 2 COTÉS AVEC

1 *cuillère à soupe* DE FARINE.

ROULEZ CHAQUE MORCEAU SUR LUI-MÊME

COMME UN GROS CIGARE.

FAITES LA MÊME CHOSE AVEC

L'AUTRE MOITIÉ DE LA PATE.

COUPEZ LES 4 CIGARES

EN TRANCHES *de cette épaisseur.*

DÉROULEZ LES TRANCHES.

ÉTENDEZ-LES SUR UN TORCHON.

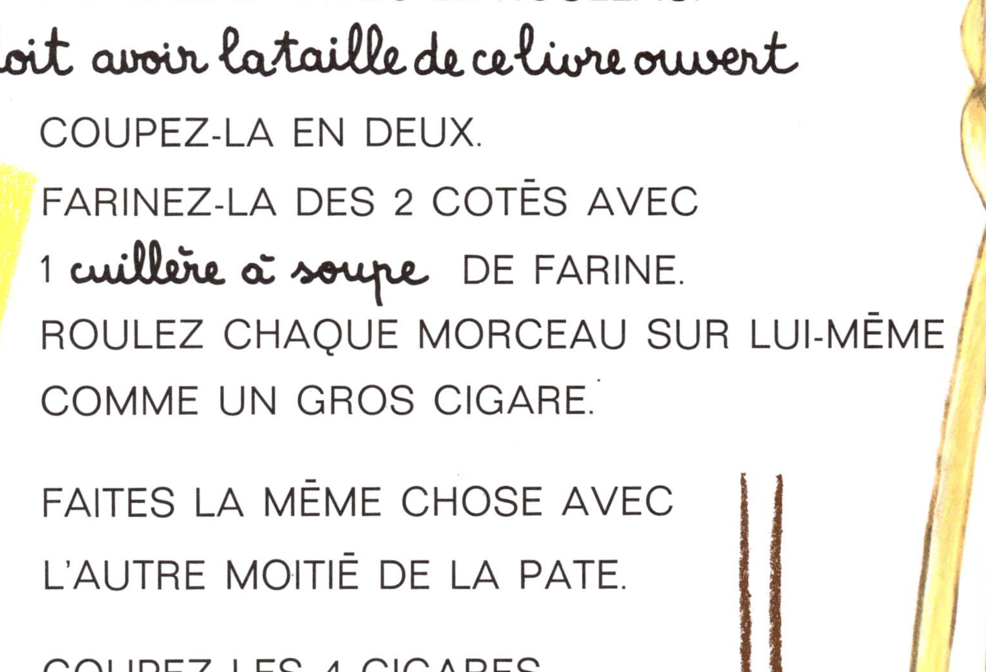

au moment de manger : 5 minutes

de cuisson dans une casserole d'eau

bouillante salée (1 cuillère à soupe de gros sel).

sur le dessus

lait d'abord
fromage et
beurre ensuite

Gratin de pommes de terre

(4 pers)

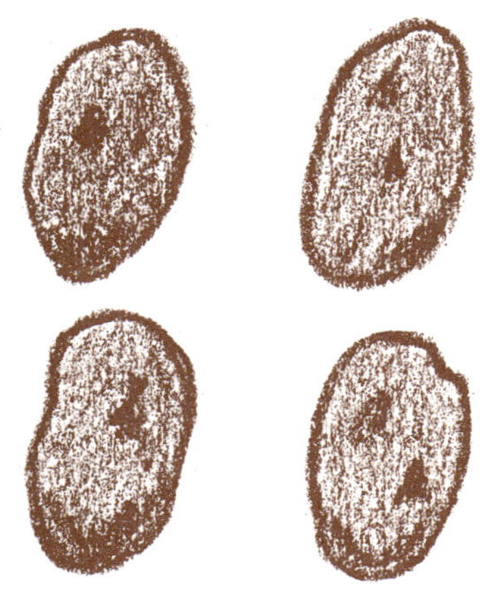

PELEZ 4 BELLES POMMES DE TERRE.

COUPEZ-LES EN TRANCHES.

(15 tranches par pomme)

ALLUMEZ LE FOUR. (8)

BEURREZ LE PLAT A GRATIN

AVEC 1 cuillère à soupe DE BEURRE.

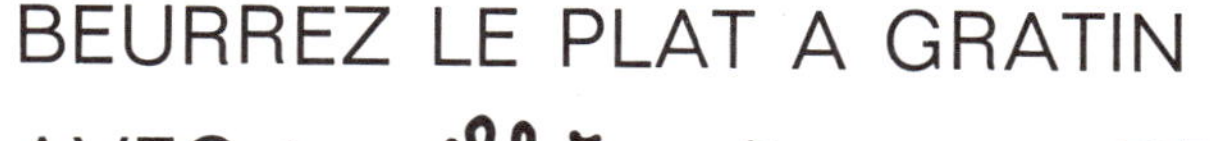

RANGEZ 20 TRANCHES DE POMMES

AU FOND DU PLAT.

SALEZ AVEC 2 pincées DE SEL en pluie.

COUVREZ AVEC

2 cuillères à soupe DE FROMAGE RAPĒ.

REMETTEZ

20 TRANCHES DE POMMES

2 pincées DE SEL en pluie

2 cuillères à soupe DE FROMAGE RAPĒ

20 TRANCHES DE POMMES.

VERSEZ DESSUS 1 1/2 TASSE DE LAIT

2 pincées DE SEL en pluie

2 cuillères à soupe DE FROMAGE RAPĒ.

RĒPARTISSEZ DESSUS

EN PETITS MORCEAUX

1 cuillère à soupe DE BEURRE.

AU FOUR 45 MINUTES.

quand le riz est cuit

attendez 5 minutes

puis égrenez

avec la fourchette

Riz Pilaf (2 ou 4 pers)

LAVEZ 1 TASSE DE RIZ
A L'EAU FROIDE.

ÉGOUTTEZ-LE DANS UNE PASSOIRE.

ALLUMEZ LE GAZ (feu doux)
POSEZ LA COCOTTE SUR LE FEU.

METTEZ DANS LA COCOTTE
3 cuillères à soupe DE BEURRE.

HACHEZ grossièrement 1/2 OIGNON.
METTEZ-LE DANS LA COCOTTE.

LAISSEZ CUIRE 3 MINUTES.

AJOUTEZ LA TASSE DE RIZ
1 BRANCHE DE THYM
1 FEUILLE DE LAURIER

REMUEZ AVEC  la cuillère en bois.

ALLUMEZ LE FOUR (8).

AJOUTEZ AU RIZ
2 TASSES D'EAU
ET 4 pincées DE SEL.

MÉLANGEZ

FERMEZ LA COCOTTE
AVEC LE COUVERCLE.

AU FOUR 20 MINUTES.

Desserts

crème à la vanille
bananes fondues
pain perdu
tôt-fait
friands

pour fariner
répartissez
la farine dans
les moules beurrés

tournez
dans tous

les moules
les sens

EN TAPOTANT

la farine
s'accroche   au beurre

Friands (4 pers)

ALLUMEZ LE FOUR (8).

BEURREZ 10 PETITS MOULES
AVEC 2 *cuillères à café* DE BEURRE
FARINEZ-LES AVEC 1 *cuillère à soupe* DE FARINE.

SÉPAREZ LES BLANCS ET LES JAUNES DE 3 ŒUFS
METTEZ LES BLANCS DANS UNE CASSEROLE
ET LES JAUNES DANS UN PETIT BOL
(les jaunes serviront pour la crème à la vanille).

METTEZ DANS LA CASSEROLE
7 *cuillères à soupe* DE POUDRE D'AMANDE
4 *cuillères à soupe* DE SUCRE EN POUDRE
3 *cuillères à soupe* DE BEURRE
1 *cuillère à soupe* DE FARINE
1 *pincée* DE SEL.

ALLUMEZ LE GAZ *(feu doux).*
METTEZ LA CASSEROLE SUR LE FEU.
REMUEZ AVEC *la cuillère en bois*
JUSQU'A CE QUE LE BEURRE SOIT FONDU
(environ 3 minutes).
REMPLISSEZ LES MOULES
JUSQU'AUX 3/4.

METTEZ AU FOUR 20 MINUTES.

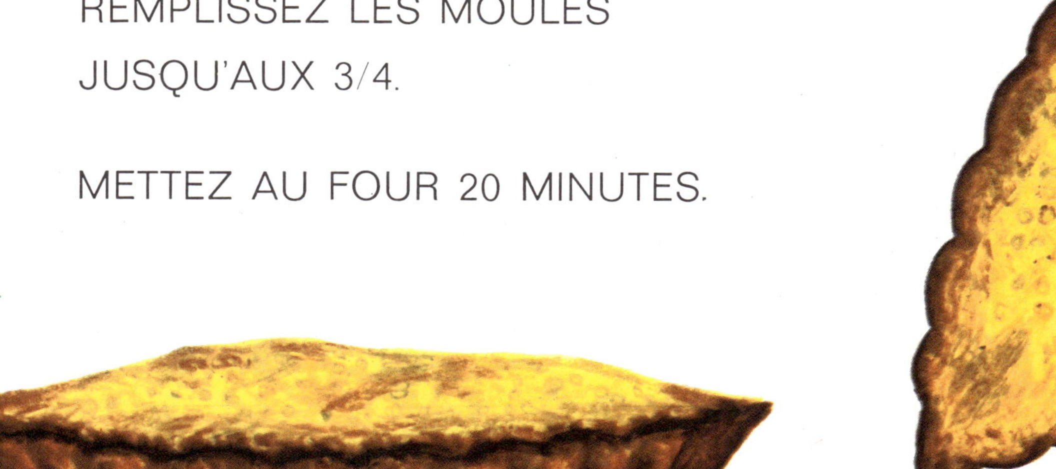

prenez des plaques
de 6 moules

pour
utiliser les blancs
d'œuf, faites LES
FRIANDS

Crème à la vanille *(7 pots)*

LE FOUR EST DÉJA ALLUMÉ (8)
POUR LES FRIANDS.

REMPLISSEZ AU 3/4 D'EAU LA PLAQUE DU FOUR.

ALLUMEZ LE GAZ *(feu doux)*
POSEZ LA CASSEROLE DESSUS.
VERSEZ-Y 2 1/2 TASSES DE LAIT.

DANS UN GRAND BOL
METTEZ LES 3 JAUNES D'ŒUF *des friands.*
AJOUTEZ
2 ŒUFS ENTIERS
6 *cuillères à soupe* DE SUCRE EN POUDRE
1 1/2 *cuillère à café* DE SUCRE VANILLÉ
1 *pincée* DE SEL.
MÉLANGEZ BIEN AVEC LE FOUET.
AJOUTEZ LE LAIT *chaud*
EN CONTINUANT A MÉLANGER.
VERSEZ DANS LES PETITS POTS.
POSEZ LES PETITS POTS
DANS LA PLAQUE REMPLIE D'EAU.

FERMEZ LE FOUR
POUR 20 MINUTES.

détachez
la peau
du dessus

quand la banane
est cuite

la peau
est
entièrement noire

Bananes Fondues (2 pers)

ALLUMEZ LE FOUR (8).

METTEZ-Y 2 BANANES.

REFERMEZ LE FOUR

POUR 20 MINUTES.

SORTEZ LES BANANES DU FOUR.

POSEZ-LES

SUR UNE ASSIETTE.

DÉTACHEZ LA PEAU DU DESSUS.

SAUPOUDREZ L'INTÉRIEUR

DE CHAQUE BANANE

AVEC 2 cuillères à café

DE SUCRE EN POUDRE.

MANGEZ A LA CUILLÈRE.

le pain
doit être
rassis
on peut
ajouter
une pincée
de canelle
dans
le lait

Pain Perdu (2 pers)

VERSEZ 1 TASSE DE LAIT DANS UN PLAT.
AJOUTEZ-Y 2 *cuillères à café*
DE SUCRE VANILLÉ.
MÉLANGEZ.
COUPEZ 4 TRANCHES DE PAIN *de cette épaisseur.*
POSEZ-LES DANS LE PLAT.

ALLUMEZ LE GAZ *(feu doux).*
POSEZ LA POÊLE DESSUS.
VERSEZ-Y 1/2 TASSE D'HUILE.

RETOURNEZ LES TRANCHES DE PAIN DANS LE LAIT.

CASSEZ 1 ŒUF DANS UNE ASSIETTE.
BATTEZ-LE AVEC UNE FOURCHETTE.

SORTEZ LES TRANCHES DE PAIN DU LAIT.
PASSEZ-LES *très vite (tournées et retournées)*
DANS L'ŒUF BATTU.
POSEZ-LES DANS LA POÊLE.
LAISSEZ-LES CUIRE 2 MINUTES.
RETOURNEZ-LES *délicatement*
AVEC UNE SPATULE.
LAISSEZ-LES CUIRE 2 MINUTES.
SORTEZ-LES DE LA POÊLE ET
POSEZ-LES SUR UN PLAT.
SAUPOUDREZ-LES AVEC
2 *cuillères à soupe* DE SUCRE EN POUDRE.

le beurre
doit
être *fondu* mais pas cuit

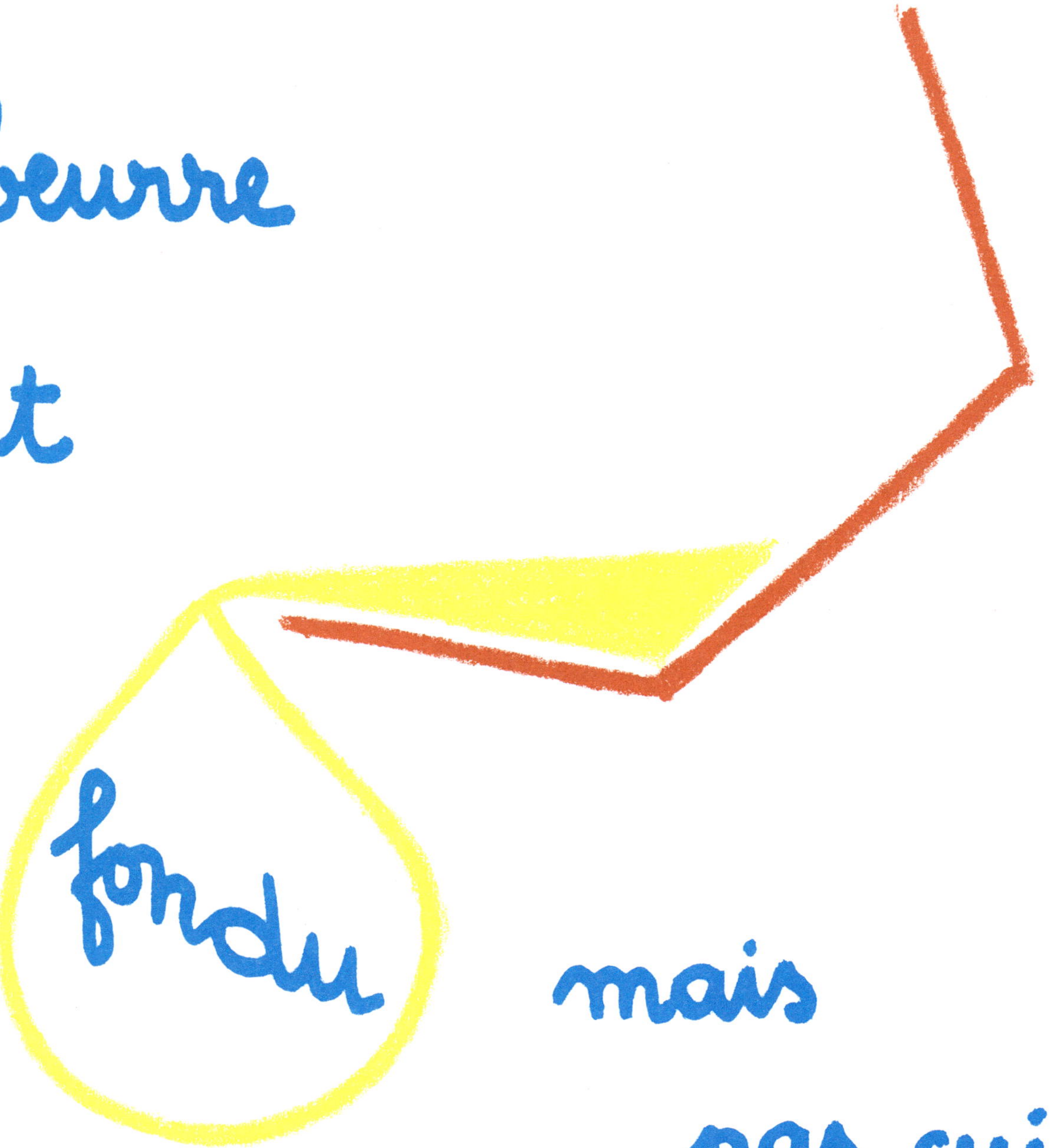

METTEZ
TOUJOURS
UNE PINCÉE DE SEL
DANS LES GATEAUX

Tôt-Fait (4 gourmands)

ALLUMEZ LE FOUR (6)

BEURREZ LE MOULE
AVEC 1 *cuillère à soupe* DE BEURRE.
ALLUMEZ LE GAZ (*feu très doux*)
POSEZ LA CASSEROLE DESSUS.
METTEZ DANS LA CASSEROLE
5 *cuillères à soupe* DE BEURRE.

DANS UN GRAND BOL
CASSEZ 2 ŒUFS.
AJOUTEZ
1 TASSE DE LAIT
1 TASSE DE SUCRE
2 TASSES DE FARINE
1 PAQUET DE LEVURE
1 *pincée* DE SEL
LE BEURRE DE LA CASSEROLE
(*il a fondu*).

MÉLANGEZ *très vite*
AVEC LE FOUET.
VERSEZ
DANS LE MOULE BEURRÉ.

AU FOUR 45 MINUTES.

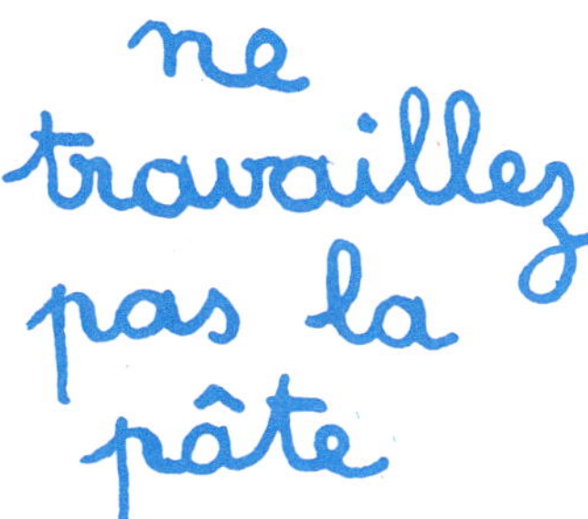

CET OUVRAGE A ÉTÉ
ACHEVÉ D'IMPRIMER
EN OCTOBRE 1995
SUR LES PRESSES DE
L'IMPRIMERIE S.I.O.
À PARIS

Dépôt légal : 4e trimestre 1976
Numéro de publication : 10268
ISBN 2-259-00180-7
Imprimé en France